주절주절 늘어놓지 않고
정확하게 말하는 법

주절주절 늘어놓지 않고
정확하게 말하는 법

초판 1쇄 인쇄 2020년 12월 05일
초판 1쇄 발행 2020년 12월 10일

지은이 쓰루노 미쓰시게   **옮긴이** 강수연

펴낸이 이상순   **주간** 서인찬   **편집장** 박윤주   **제작이사** 이상광
디자인 유영준
마케팅홍보 신희용   **경영지원** 고은정

펴낸곳 (주)도서출판 아름다운사람들
주소 (10881) 경기도 파주시 회동길 103
대표전화 (031) 8074-0082   **팩스** (031) 955-1083
이메일 books777@naver.com
홈페이지 www.books114.net

생각의길은 (주)도서출판 아름다운사람들의 교양 브랜드입니다.

ISBN 978-89-6513-629-3 03190

이 도서의 국립중앙도서관 출판예정도서목록(CIP)은 서지정보유통지원시스템 홈페이지(http://seoji.nl.go.kr)와
국가자료종합목록구축시스템(http://kolis-net.nl.go.kr)에서 이용하실 수 있습니다. (CIP제어번호 : CIP2020047695)

주절주절 늘어놓지 않고
정확하게 말하는 법

쓰루노 미쓰시게 지음 ㅣ 강수연 옮김

주절주절 늘어놓지 않고 정확하게 말하는 법

"뭘 말하려는 거야?"라는 말을 듣지 않게 되는 방법이 있다.
"그래서?" "뭘 말하고 싶은 거야?"

이런 말들은 설명이 제대로 전해지지 않았을 때 나오는 전형적인 반응이다.

만약 당신이 이런 말을 들었다 해도 절대 낙담하지 말라. 이런 말을 듣는 원인은 분명하며 설명을 잘하는 방법은 따로 있다. 왜냐하면 내 의도를 제대로 전달하고 결과를 내는 말에는 공식이 있기 때문이다.

이 책은 말이 서툴러 고민인 사람, 커뮤니케이션 능력을 향상시키고 싶다는 문제의식을 가진 사람을 위해 썼다. 기본 사항을 하나씩 확인하고 의식적으로 실천하면, 단기간에 극적으로 잘 전달되고 좋은 반응을 얻는 방법을 알기 쉽게 정리했다.

지금까지 비즈니스맨 수천 명의 설명 능력 향상을 도운 경험에서 말하자면, 아무리 머리로는 알고 있다 해도 정작 실천하지 못하는 사람이 대부분이다.

커뮤니케이션 방식은 오랜 버릇이 자리 잡은 것이어서 바꾸기가 쉽지 않다. 하지만 설명할 때마다 의식하기만 하면 분명히 달라진다. 상사나 동료에게 설명할 때 혹은 프레젠테이션을 하기 전에 반복하여 요령을 확인하고 하나씩 실제로 시험해보자. 지금까지와는 다른 반응을 얻을 수 있을 것이다.

그리고 상대방의 달라진 반응을 확인하면 그 요령이 나온 페이지에 색인을 하자. 나에게 효과가 있었던 요령을 나중에 봐도 잘 알 수 있다. 머지않아 그 요령을 따로 의식하지 않고 설명할 수 있게 되면 습관으로 자리 잡았다는 증거다. 그때 당신은 누가 들어도 알기 쉬운, 설득력 있는 설명을 할 수 있게 된다.

"뭘 말하려는 거야?"라는 말은 더 이상 듣고 싶지 않다. 당신의 지금 그 마음을 힘껏 응원한다. 부디 이 책이 주위 사람들의 반응을 바꾸는 계기가 되기를 바라마지 않는다.

쓰루노 미쓰시게

차 례

CHAPTER 02

그런 말로는 상대가 움직이지 않는다
상대가 듣고 싶은 말에는 공식이 있다.

CHAPTER 03

공감이 아니라 협력을 구하라
YES를 끌어내는 말에는 공식이 있다.

CHAPTER 04

'열심히' '노력' '포기하지 않는다'라는
뻔한 말로는 안된다
상대방이 협력하고 싶은 말에는 공식이 있다.

CHAPTER 05
일 잘하는 사람은 질문을 예상한다
평가가 올라가는 회의는 공식이 있다.

CHAPTER 06

핵심 키워드는 기대감, 의외성, 그리고 실현성

채택되는 프레젠테이션에는 공식이 있다.

CHAPTER 07

이 이야기는 당신을 위해 준비했습니다

결국 마음을 사로잡는 말태도

CHAPTER
01

주절주절
늘어놓지 않고
정확하게
설명하는 법

상대를 움직이는
말에는 공식이 있다.

MEMO

01 최고의 설명은 상대를 행동에 나서게 하는 것

아무리 상대방이 이해하기 쉽게 전달해도 결과로 이어지지 않으면 소용이 없다.

여러분은 '좋은 설명'의 조건이 무엇이라고 생각하는가? '이해하기 쉬운 설명' 혹은 '정보가 정확한 설명'이라고 생각하는 사람도 많을 것이다. 물론 이런 것도 중요한 요소지만, 설명할 때 가장 중요한 것은 '(의도한) 결과를 내는 것'이다. 그러기 위해서는 상대방이 설명을 듣고 '이해해주기'를 바랄 뿐 아니라 '상대방을 움직이게 해야' 한다.

| 이런 설명으로는 상대방이 움직이지 않는다 |

● 전달했다는 사실 자체에 혼자 만족한다.

ⓔ 이해하셨죠?

● 감정론으로 상대방을 설득하려고 한다.

ⓔ 이런 일은 용납할 수 없어요!

● 상대방의 감정에 지나치게 신경을 써서 설명이 애매해진다.

ⓔ 귀사의 탓이라는 건 아니지만…

설명이 서툰 사람은 내가 하고 싶은 바를 상대방에게 전달하기만 하고, 듣는 사람이 행동에 나서야 할 이유를 제시하지 못할 때가 많다. 이러면 가장 중요한 '결과'로 이어지기가 어렵다. 극단적으로 말하면 설명으로 내 의도가 정확히 전해지지 않았더라도 목표대로 상대방이 행동에 옮겨 최종적으로 '결과'를 내면 되는 것이다.

| 상대방을 행동에 나서게 하려면? |

상대방에게 전달만 해서는 설명의 목적을 이룰 수 없다. 상대방의 리액션인 행동에 나서게 하여 결과를 내는 것이 중요하다.

● 상대방에게 '어떻게 해주길 바라는지' 명확히 전달한다.

① 요청: '어떻게 해주길' 바라는가

ⓔ 이 판촉 계획을 봐주십시오.

② 이유: '왜' 해주길 바리는가

㉣ 매상이 오르지 않아서요.

● 거기에 더해 상대방이 '움직일 이유'를 전달한다.

① 상대방이 '행동에 나설 때의 이점' '행동에 나서지 않을 때의

단점'을 전달한다.

㉣ 이대로라면 내년도 인원 감축이나 예산 삭감으로 이어집

니다.

② 상대방의 흥미와 동기를 자극한다.

㉣ 그 안건 말인데요, 지금이 밀어붙일 기회입니다.

③ 결과

㉣ 흠, 행동에 나서야겠군.

ONE POINT 어드바이스 ···

상대방이 행동에 나서고 싶어지는 혹은 행동에 나서지 않을 수 없는 정보를
충분히 담아 리액션을 촉구하자.

···

상대를 움직이는 설명에는
공식이 있다

상대방에게 이해하기 쉽게 설명하려면 '설명의 구조'를 알아야 한다.

열심히 설명했는데도 상대방에게 제대로 전달되지 않는다. 이런 경험을 한 적이 있는 사람이 많을 것이다. 상대방에게 뭔가를 전하려면 머리에 떠오른 내용을 일방적으로 이야기하는 것이 아니라 설명의 구조를 이해할 필요가 있다. 다음 페이지에 나오는 '3단계'를 의식하기만 해도 당신의 설명은 상대방에게 훨씬 잘 전달될 것이다.

| 제대로 전달되지 않는 설명의 특징 |

● 다음과 같이 설명을 하면 상대방도 무엇을 해야 좋을지 몰라 당

황한다.

① 주관적이며 사실 관계가 애매하다.

② 이야기가 장황하고 요점을 알 수 없다.

③ 불필요한 정보가 너무 많다.

④ 시간 순서가 뒤죽박죽이고 맥락이 없다.

㉠ 그래서 뭘 말하려는 거지…?

　설명의 3단계는 ①전달한다 ②전해진다 ③결과가 나온다 이다. 이 3단계는 설명의 기본이지만, 직원을 이끄는 경영자나 영업 사원이라도 이를 완벽하게 의식하는 사람은 많지 않다. 이 3단계 기술을 쓰면 듣는 사람으로 하여금 '난 구체적으로 ○○를 하면 될까'라고 각자 목표나 해야 할 일을 확인하고 행동에 나서게 할 수 있다.

| 설명의 3단계 |

● STEP ① 전달한다

　— 정보를 정리한다: 말하는 사람이 듣는 사람에게 정보를 전달하는 일방통행의 단계

　A: 납득이 안 가요.

　B: 무슨 일이야?

- STEP ② 전해진다

  ― 상대방의 이해를 얻는다: 말하는 사람이 알린 정보를 듣는 사람이 이해한 상태

  A: 이러저러해서…

  B: 그렇군.

- STEP ③ 결과가 나온다

  ― 상대방이 움직인다: 듣는 사람이 말하는 사람의 설명을 이해하고 행동에 나선다.

  A: 부탁드릴게요.

  B: 이야기해둘게.

ONE POINT 어드바이스 ··

단순히 상대방에게 전달하여 내용을 이해해주길 바라는 게 아니라 상대방이 행동에 나서게 하는 것이 설명의 기술이다.

···

03 핵심정보란 판단의 기준이 되는 것

상대방에게 정보를 확실히 전달하려면 넘쳐나는 정보에서 핵심을 추려야 한다.

설명하는 도중에 상대방의 표정이 안 좋아지는 경험을 한 사람이 많을 것이다. 설명 시간이 길고 자료도 많은데 핵심이 되는 중요한 정보가 들어있지 않으면, 듣는 사람은 넌더리가 나서 노골적으로 싫은 표정을 지을 때가 있다. 이런 사태를 피하려면 우선 듣는 사람의 '판단 기준'이 되는 정보가 무엇인지 생각하는 습관을 들이자.

| '중요한 정보'를 추리지 못하는 사람의 특징 |

● 전달 방식이 서툰 사람은 '정보량이 많을수록 상대방이 이해하

기 쉽다'고 생각하는 경향이 있다.

A: 제 친구에게도 추천 받았어요, 과장님, 회사 경비로 책을 구입하고 싶은데요, 저자가 요즘 화제인 '○○○'를 쓴 사람이에요, 근처 서점에서는 품절이랍니다, 책 디자인도 반응이 좋다고 해요.

B: 무슨 책이고 얼만데? 뭐에 도움이 되는데? 책 디자인이니 품절이니 무슨 상관이야…, 요점만 말했으면 좋겠는데…

예를 들어 거래처와 갑자기 미팅이 잡혀 상사와의 회의 시간을 변경해야 할 경우, 보고를 들은 상사는 그 판단 기준으로 ①시간 변경의 이유 ②무슨 미팅인가 ③언제로 변경하는가를 확인하고 싶어 할 것이다. 그 설명을 듣고서 '시간을 바꿀 수밖에 없다'고 받아들이게 되는 정보가 '중요한 정보'다.

| '판단의 분기점'으로 중요한 정보를 가린다 |

● 중요한 정보 = 판단의 분기점: 설명하는 데 있어 '중요한 정보'란 상대방이 판단을 내리는 '분기점'에서 필요한 정보다.

① 시간 변경의 이유 ▶ '거래처 사정'이면 검토 ▶ '본인의 사적 이유'면 기각

② 무슨 미팅인가 ▶ '예정된 회의보다 중요한 내용'이면 승낙 ▶

'예정된 회의보다 중요하지 않은' 경우는 기각

③ 언제로 변경하는가 ▶ 회의 목표에 차질을 빚지 않고 일정이 맞으면 승낙 ▶ 회의 목표가 달성되지 못할 경우는 기각

● 항상 무엇이 '판단 기준'인지 생각한다: 중요한 정보를 가려내려면 질문·기록·보고를 습관화하여 '판단 기준이 될 정보가 무엇인지'를 늘 생각하도록 하자.

— 질문: 사전에 무엇을 확인해야 하는지 묻는다.

— 기록: 혼자 판단하여 결정하지 말고 자주 메모한다.

— 보고: 보고 기회를 늘려 피드백을 받는다.

04 우선은 결론부터

　상대방이 이해하기 쉽게 설명하려면 먼저 불필요한 정보를 정리해야 한다.

　설명이 서툰 사람은 말하는 방식에 특징이 있다. 즉 머릿속에 있는 '생각'을 전하기 쉬운 상태로 정리하여 언어화하는 데 서툴다. 이를 극복하려면 우선은 전하고 싶은 내용을 종이에 항목별로 적어서 상대방에게 부탁할 핵심 내용, 즉 결론을 '한마디'로 압축하자. 이렇게만 해도 불필요한 정보가 걸러져 상대방에게 전달하기 쉬워진다.

　왜냐하면 그 한마디가 우선 전해야 할 이야기의 핵심이기 때문이다. 한마디로 압축한 결론을 말한 다음에 항목별로 적은 다른 내용을 전하면, 말하고 싶은 바를 차례대로 상대방에게 전달할 수 있다. 이 방법은 설명의 목적을 가장 먼저 전하는 효과도 있다. 처음 '한마디'로 듣는 사람은 의뢰, 보고, 사과 등 무엇을 위한 설명인지 파악한 뒤에 이야기를 들을 수 있다.

| '설명이 서툰 사람'이 말하는 방식의 특징 |

● 설명이 서툰 사람은 설명의 '내용'과 '표현'이 정리되어 있지 않다는 특징이 있다.
  — 내용이 정리되어 있지 않다: 상대방도 나와 동일한 정보와 감각을 갖고 있다고 단정하여 전달해야 할 정보가 애매해진다
  — 표현이 정리되어 있지 않다: 상대방과 나의 입장 차이, 거리감 등을 고려하지 않고 시간, 장소, 상황에 맞지 않는 표현이나 말투를 쓴다.

| 항목별로 써서 정보를 정리한다 |

● 생각: 관심 있는 사외 세미나의 팸플릿을 가져왔는데 봐 달라. 평일에 열리는 유료 세미나지만 참석하고 싶다. 곧장 업무에 활용할 수 있을지 모르겠지만 최신 정보를 얻고 싶다. 기분 전환도 될 것 같고 업무 관련 아이디어도 찾고 싶다.
  ① '생각'을 항목별로 적는다
  Ⅴ 사외 세미나의 팸플릿을 봐 달라 Ⅴ 평일에 하는 그 유료 세

미나에 참석하고 싶다 Ⅴ 최신 정보를 얻고 싶다 Ⅴ 업무 관련

아이디어도 찾고 싶다.

② '한마디'로 정리한다

설명의 종류 = 의뢰 ▶사외 세미나 참석을 허가해주십시오. ○

○에 대한 세미나가 ○월 ○일에 있습니다. 수강료는 ○만원이

며, 자세한 내용은 팸플릿을 첨부하오니 확인 부탁드립니다.

ONE POINT 어드바이스 ···

　우선 결론부터, 세부 내용은 그 다음에 전하자.

05 '어떻게 설명할까'가 아니라 '상대가 어떻게 반응할까'가 먼저

　설명의 기술을 늘리려면 상대방의 반응에 대응하기 위한 준비가 필요하다.

　설명하는 기술을 향상시키기 위해서는 '상대방에게 어떻게 설명할까'를 준비하는 것과 별도로, 설명 후에 '상대방이 어떻게 반응할까'를 예상하는 것이 중요하다. 상대방의 반응을 예상해두면 최선에서 최악의 케이스까지 당황하지 않고 침착하게 대응할 수 있으며, 상대방이 예상대로 반응할 경우 바로 다음 제안을 할 수 있다. 또한 상대방이 물어볼 만한 질문에 대한 답변까지 준비해두면 나에 대한 상대방의 신뢰감도 늘어난다. 특히 상사나 거래처 등 반복하여 설명할 기회가 있는 상대라면 어떤 반응을 보일지 어느 정도 알 수 있다. 이처럼 평소에 '상대방이 어떻게 반응할까'를 미리 이미지로 그리는 습관을 들이면, 설명 능력과 함께 신뢰감을 높일 수 있다.

| 기업 홍보의 세계에서는 상식인 '예상 문답' |

● 기업의 홍보 담당자는 취재에 대응할 때 '예상 문답(Q&A)'을 작
성한다.

'예상 문답'이 있으면 기자에게 수월하게 대응할 수 있어서 정보
를 효율적으로 주고받게 되고 홍보 담당자에 대한 신뢰도 높아
진다.

ONE POINT 어드바이스 ··

상대방이 어떤 반응을 보일지 이미지로 그리는 습관을 들이면 좋다.

···

06 설득력을
높이는 공식

상대방이 이해하기 쉽게 설명하려면 객관적 사실을 우선하여 전달해야 한다.

예를 들어 상사나 선배에게 분명한 의견이나 충고를 듣고 싶을 때, 우선은 무슨 일이 일어났는지 '사실(팩트)'을 전해야 한다. 이 '사실'이란 당신이 '어떻게 느꼈는지'나 '어떻게 생각하는지'와 같은 감정이나 인상, 추측 등의 주관 정보(주관적인 설명)가 아니라 '무슨 일이 일어났는지' '상대방이 무슨 말을 했는지'와 같은 사건, 즉 객관 정보(객관적인 설명)를 말한다.

| 주관적인 설명과 객관적인 설명 |

● 주관적인 설명

A: 기획안에 대해 개발부에 프레젠테이션 했는데 자료도 제대로 살펴보지 않고 거부했어요. 정말 융통성 없는 사람들이어서 난감하네요.

상사: 자네가 어떻게 설명했고 실제로 무슨 얘기를 들었는데?

● 객관적인 설명

A: 개발부는 전례가 없고 데이터도 없기 때문에 현재로서는 긍정적으로 검토하기 어렵다고 합니다.

상사: 예전에 했던 업무 중에 비슷한 케이스가 있으니 그 사례와 데이터를 줄게.

하지만 업무에 대한 내 의견을 말해야 할 때도 있다. 상사나 선배에게 당신의 의견을 명확히 전하고 싶을 때는 ①사실(무슨 일이 일어났는지) ②의견(당신은 그것에 대해 어떻게 생각하는지) ③요구(당신은 어떻게 해야 한다고 생각하는지)의 순서로 전달하자. 그렇게 하면 당신의 설명은 무작정 주관 정보를 말할 때보다 훨씬 이해하기 쉬워진다.

| 사실은 '5W2H'로 나뉜다 |

사실을 능숙하게 전하려면 5W2H의 각 요소를 명확히 하는 것이 기본이다. 이 5W2H로 분류할 수 없는 정보는 사실(객관 정보)이 아

니라 주관 정보다.

When(언제) / Who(누가) / What(무엇을 했다) / Why(왜) / Where(어디서) / How(어떻게) / How much(금액·예산)

07 결론이 많으면
사람은 이해하지 못한다

이야기를 들으며 많은 내용을 한꺼번에 이해하기는 어렵다. 결론을 압축하면 듣는 사람이 이해하기 쉬워진다.

설명을 할 때 중요한 요령은 결론을 하나로 압축하여 부탁하는 형태로 전하는 것이다. 가령 "납기일에 늦을 것 같습니다!" "일손이 부족하니 늘려주십시오!" "신규 수주는 불가능합니다" 등 많은 문제를 한꺼번에 이야기하면, 듣는 사람은 '대체무슨 일이 일어난 거야' '왜 이러는 거지?'라며 이해하지 못한다. 즉 '이야기의 결론'이 상대방에게 전해지지 않는다.

| 결론을 하나로 압축하라 |
사람은 짧은 시간 동안 많은 정보를 한꺼번에 들으면 내용을 이해하지 못한다.

A: 공장장님, 새로 도입한 작업 공정 말인데요, 우리 공장과 외부 위탁업체 사이의 커뮤니케이션이 너무 많고 복잡해서 현장이 혼란을 겪고 있어요. 외부 위탁업체에서도 예전으로 되돌려달라는 클레임이 들어오고 있고, 원래대로 되돌릴 수 없다면 새로운 작업 공정을 다함께 배워야 할 것 같아요. 어떻게든 힘 좀 써주세요.

B: 뭐가 제일 문제인 거야? 뭘 해야 하지?

예를 들어 A의 설명을 하나로 압축하면 "사태를 수습하기 위해 힘을 써 주세요"라고 할 수 있다. 아무리 우수한 사람도 짧은 시간 동안 많은 내용을 들으면 단번에 이해하지 못한다. '난 아직 신참이니까 힘든 걸 다 말해서 어떻게든 해달라고 하자'라고 내 형편만 생각해서는 안 된다. 결론을 하나로 압축하여 간결하게 설명하는 것이 중요하다.

| 결론을 분해하고 압축하는 법 |

설명하기 전에 하나의 결론을 제시하면 듣는 사람은 이해하기 쉬워진다. 설명이 길어지면 하나하나 분해하여 최종 결론에 도달하면 된다.

결론① 새로운 작업 공정이 복잡하여 현장이 혼란스럽다.

결론② 외부 위탁업체에서 클레임이 늘어났다.

결론③ 되도록 예전의 작업 공정으로 되돌리고 싶다.

결론④ 새로운 작업 공정을 위한 연수회에 가달라.

결론⑤ 현장이 혼란을 겪고 있으니 협력해달라.

간결한 설명을 위해서는 ①우선은 설명을 분해한다. ②그 다음에 결론을 하나로 압축한다.

A: 현장이 혼란을 겪고 있으니 협력해주세요.

B: 그렇군. 원인이 뭐지?

ONE POINT 어드바이스 ··

상대방이 알고 싶어 하는 내용을 능숙하게 전달하려면 '나라면 무엇을 알고 싶을까?'를 생각하며 설명하자.

··

08 목표에 가까운 사람이 누굴까?

설명의 기술이 좋아져도 잘못된 상대에게 전달하면 아무 소용이 없다.

상대방에게 설명하기 전에 한 박자 멈추어 '이 부탁은 누구에게 해야 하는가?'를 생각하는 것도 중요하다. 왜냐하면 듣는 사람의 입장이나 권한에 따라 들은 내용에 대한 판단이나 대응이 달라지기 때문이다. 이럴 때는 최종 목적을 달성하려면 '어느 단계를 밟아야 하나' 그리고 '현 상황에서는 누구에게 무엇을 전달해야 하나'를 장기와 단기로 나누어 생각해야 한다.

| 장기와 단기로 생각한다 |

우선은 가까운 사람에게 설명하여 행동에 나서게 하고, 절차를 밟아 최종 목표에 이르는 코스를 계획하자.

먼저 직속 상사와 의논하여 관련 부서의 담당자에게 연결해 달라고 하자. 동료/선배/상사/관련 부서/임원/사장 누구에게 설명해야 좋을지 잘 모르겠으면 '누가 무엇을 하는가'와 '상대 방에게 무엇을 요구할까'를 생각하자. 예를 들어 새로운 상품 기획안을 떠올렸다 해도 대개 임원이나 사장에게 갑자기 프레 젠테이션을 할 수는 없다. 이럴 때는 인근 부서나 담당자, 혹은 상품화에 대한 결재권을 가진 사람과 가까운 이를 찾는다. 그 렇게 해서 가장 적합한 상대를 발견하면, 이야기의 내용이 다 음 단계로 이어질지 체크하며 설명을 하자.

| '누구'에게 '무엇'을 부탁할 것인가 |

설명할 상대방이 가장 적합한 인물인지 여부는 최종 목표에 한 발 이라도 가까운 인물인지, 아울러 그 인물이 실현할 수 있는 내용인 지를 판별하는 것이 중요하다.

설명 상대로 가장 적합한 인물로는 접촉할 수 있는 사람들, 목 표에 가까운 사람들, 이야기를 듣고 행동에 나서줄 사람들이다.

ONE POINT 어드바이스 ···

접촉할 수 있는 사람들, 목표에 가까운 사람들, 이야기를 듣고 행동에 나서줄 사람들에 다 해당하는 사람 혹은 보다 많이 해당하는 사람이 설명할 상대로 가장 적합한 인물이다.

···

09 의견을 듣고 싶은지,
협력을 원하는지,
먼저 목적을 전달하라

먼저 '설명의 목적'를 상대방에게 전달하는 것이 중요하다.

당신에게 무언가 고민이 있다고 하자. 그 고민을 남에게 털어놓을 때 어떤 이야기부터 시작할 것인가? 일단 원인까지 거슬러 올라가 내 마음속에서 고민이 심각해진 경위를 순서대로 이야기하는 스타일이라면 주의해야 한다. 정말 친한 사람은 이야기를 들어줄지 모르지만, 비즈니스맨으로서는 바람직하지 못하다. 우선 '설명의 목적' 즉 상대방이 '어떻게 해주길 바라는지'를 전달하도록 하자. "의견을 듣고 싶습니다" "협력해주시겠어요?" 등 상대방에게 무엇을 요구하는지를 먼저 전달하면, 상대방의 머릿속은 이야기를 이해하기 위한 틀을 짠다. 그런 다음에 상세 포인트를 말하면, 상대방도 설명을 이해하기 쉬워진다.

| 먼저 '설명의 목적'을 전달하자 |

A: 사과드릴 일이 있습니다.

B: 뭔데?

① 먼저 '상대방이 어떻게 해주길 바라는지'를 명확히 알린다.

② '설명의 목적'를 명확히 한 후 상세 포인트를 이야기한다.

ONE POINT 어드바이스 ···

상대방에게 '무엇을 요구하는지'를 명확히 하면, 듣는 사람의 머릿속에 전체
그림을 이해하기 위한 틀이 생긴다.

···

10 상대를 행동하게 하려면
마감을 명확히 하라

설명을 들은 상대방이 행동에 나서게 하려면 마감을 명확히
전달해야 한다.

업무는 지속을 전제로 추진된다. 즉 '다음은 어떻게 할지'가
늘 요구되는 것이 업무다. 회의에서는 '누가 무엇을 하고 어떻
게 될지'를 명확히 하는데, 이때 중요한 것이 마감 설정이다.
마감이 있기 때문에 사내외 관계자가 발맞추어 업무를 추진하
며, 마감이 없는 일은 어지간히 한가하지 않는 한 좀처럼 실현
되지 않는다. 물론 업무에는 '완료'도 존재한다. 그러나 한 프
로젝트가 끝났어도 이를 토대로 '다음으로 연결하는 것'이 업
무다. 이런 의미에서 결과를 보고했다고 해도 끝난 것이 아니
다. 그럴 때는 "자, 다음은 어떤 식으로 해볼까"라고 관계를 이
어가는 한마디를 소리 내어 말해보자.

| 마감은 업무상의 '공약' |

'다음은 어떻게 할지'는 업무를 설명하는 중요한 요소다. 회의 후에 누가 무엇을 하고 어떻게 할지를 명확히 하는 것이 중요하다.

① 현재 상황 보고
㉠ 현 시점에서는 이런 상황입니다.
② 다음은 어떻게 할 것인가
㉠ 이 결과를 토대로 사업 규모를 확대할 것을 제안합니다.
③ 어느 단계에서 실현할 것인가
㉠ 올해 안에 전개할 것을 목표로 계획하고 있으니 협력을 부탁드립니다.

ONE POINT 어드바이스 ···

다음 약속을 하지 않은 업무에 '다음'은 좀처럼 찾아오지 않는다.

···

11 YES를 이끌어내는 설명의 효율적 순서

설명을 할 때 '결론'과 마찬가지로 중요한 것이 '전달 순서'다.

앞서 해설한 대로 이야기를 알기 쉽게 전달하는 포인트는 '요약', 즉 얼마만큼 쓸데없는 말을 하지 않고 상대방에게 가장 중요한 메시지를 이해시킬지를 생각하는 것이다. 그러려면 어떤 내용을 어느 순서로 전달할 것인가도 중요하다. 설명할 때 바람직한 순서를 단순화하면 ①요약 → ②배경 → ③포인트 → ④판단이다.

예를 들어 당신의 부하 직원이 갑자기 "새 노트북을 사도 될까요?"라고 물었다고 하자. 이 메시지만으로는 노트북 구입 여부를 판단하는 데 필요한 정보, 즉 '왜 노트북을 바꾸는지'가 없어서 어리둥절할 것이다. 전후 맥락 없이 갑자기 '④판단'을 요구받으면 '뭐? 대체 무슨 소리?'라는 생각이 들어 혼란스러울 뿐이다.

| 설명할 때의 적절한 순서 |

① 요약: 전체 내용을 요약하여 상대방이 '무슨 이야기인지' 이해하게 한다.

㉠ 과장님, 슬슬 신입사원 받을 준비를 해야 하는데요.

② 배경: 배경을 전달하여 설명에 이르는 '흐름'을 생각하게 한다.

㉠ 신입사원 입사까지 한 달도 안 남았습니다.

③ 포인트: 설명의 포인트를 말하여 문제점을 공유한다.

㉠ 슬슬 준비하지 않으면 늦을지도 모릅니다.

④ 판단: 지금까지의 설명을 바탕으로 상대방의 판단을 요구한다.

㉠ 새로운 노트북을 구입하겠습니다.

ONE POINT 어드바이스 ···

먼저 전체 내용을 요약하여 전달하고, 배경과 포인트를 말한 뒤에 판단을 구하면, 상대방도 쉽게 이해할 수 있다.

···

사람은 '부탁'이 없으면
행동에 나서지 않는다

이해하기 쉽게 설명할 뿐 아니라 '부탁'을 덧붙이면 상대방이 행동에 나서준다.

사람은 '논리'나 '이론'으로만 움직이지는 않는다는 말에 당신도 동의하는 부분이 있을 것이다. 인간은 '감정의 동물'이라고들 하는데, 이는 설명할 때도 상당히 중요한 키워드다. 이번장의 서두에서 해설했듯이 설명의 최종 목적은 '상대방이 이해하는 것'이 아니라 '상대방이 행동에 나서는 것'이다. 이를 위해 중요한 것이 '부탁'이다.

| '논리'를 이기는 '부탁'의 힘 |

이야기를 듣는 사람은 내용을 이해한 것만으로는 행동에 나서지 않는다. 설명 후 '○○를 부탁드립니다'라고 덧붙이면 상대가 무엇

을 해야할지 명쾌해진다.

- 사실 + 해석 + 부탁

  ㉔ 그렇군. 빨리 움직이자.

- 사실 + 해석

  ㉔ 이해는 했는데 난 뭘 하면 되지…?

물론 이해하기 쉬운 설명은 중요하다. 하지만 듣는 사람은 '논리', 즉 '사실+해석'만 들으면 '그래서 뭘 하면 되지?'라는 생각이 든다. 따라서 설명의 마지막에 "○○를 부탁드립니다"라는 말을 덧붙이는 것이 중요하다. 그러면 듣는 사람은 '상대방이 무엇을 해주길 바라는지' '나는 무엇을 하면 좋을지'를 이해하고 행동에 나서게 된다.

| '부탁'은 구체적으로 |

설명의 목적은 정보를 전달하는 것이 아니라 듣는 사람이 행동에 나서게 하는 것이다. 그러려면 '무엇을 해주길 바라는지'를 구체적으로 전달하는 것이 중요하다.

- 설명의 목적은?

  — 정보를 전달한다(X)

— 나중에 '못 들었다'는 말을 듣지 않기 위해(×)

— 상황을 이해시킨다(×)

— 듣는 사람이 행동에 나서게 한다(○)

— 이유

㉮ 과장님의 지금까지의 실적이 설득력을 발휘할 안건이어서요.

— 요청

㉮ 영업에 동행해 주십시오.

ONE POINT 어드바이스 ···

상대방이 행동에 나서게 하려면 이유와 요청을 간결하게 전달하자.

···

13 조사한 뒤
다시 보고드리겠습니다

대부분의 설명이나 보고는 예상치 못한 설명을 요구받거나 자신이 체크하지 못한 미흡한 부분을 지적받는다. 이럴 때 당황하지 말고 그 자리에서 미처 준비하지 못한 부분을 해결하려고 할 필요가 없다. 지적한 부분을 우선 항목별로 메모하자. 설명을 마치면 거의 대부분 "이 경우에는 어떻게 할 건가?"라는 질문을 받게 되는데, 바로 대답하지 못하더라도 질문을 메모해두고 "조사한 뒤 다시 보고 드리겠습니다"라고 다음 기회로 넘길 수 있다. 당황스런 질문을 받았을 때 "조사한 뒤 다시 보고 드리겠습니다" 한마디면 상황을 정리하고 다음으로 연결하여 활용할 수 있다.

ONE POINT 어드바이스 ···

예를 들어 설명을 할 때 듣는 사람이 예산이나 인원 문제를 제기할 경우 그 내
용을 메모하여 "이 문제를 해결하면 되는 거죠?"라고 못을 박으면, 대부분 상
대방은 승낙할 수밖에 없다.

A: 이제부터 예산을 확보하기는 힘들 거야….
B: 그럼 신규 예산을 확보할 수 있으면 진행해도 되겠네요!

··

14 과거 · 현재 · 미래를 명확히 나누어 전하라

　설명하는 사람에게는 시간 순서가 명확하더라도 듣는 사람으로서는 전혀 이해되지 않을 때가 있다. 예를 들어 당신이 상사인데 부하 직원이 "내일까지 조사를 끝내고 결론을 낼 예정인데, 마감에 못 맞출 듯해서 큰일입니다"라고 말한다면, 무슨 말인지 이해가 안 될 것이다. 설명을 할 때는 '이제까지의 진행 상황'과 '앞으로 하려는 일' 등 시간 순서를 명확히 전달해야 한다. 평소에 과거 · 현재 · 미래를 의식적으로 구별하여 말하는 습관을 들이면 상대방에게 전달하기 쉬워진다. 또한 기간을 설명할 때 "바로 하겠습니다"라고 하면 듣는 사람은 '오늘 중'이라고 생각할 수도 있고 '이번 주 안에'라고 해석할지도 모른다. 이럴 때는 범위가 넓은 표현을 쓰지 말고 '오늘 중', '나흘 안에'라고 기간을 명확히 전달하는 것이 가장 좋다.

| 시간의 순서를 명확히 전달하라 |

위에서 예를 든 "내일까지 조사를 끝내고 결론을 낼 예정인데, 마감에 못 맞출 듯해서 큰일입니다"를 '과거·현재·미래'로 나누어 설명하면 이렇다.

— 과거: 내일 보고를 위해 지난 주말부터 영업 후보 지역을 조사하고 있습니다.

— 현재: 그런데 D지역은 작년에 대단지 아파트가 여러 개 생겨서 주민 층이 뒤섞여 있기 때문에 아직 정보 수집과 정리가 충분하지 않습니다.

— 미래: 내일 보고는 A~C지역을 하고, D지역에 대한 보고는 다음 주 화요일에 해도 될까요?

15 부탁이 여러 건일 경우에 말하는 방법

부탁할 내용이 여러 건일 경우 상대방에게 보다 전달하기 쉬운 방법을 취해야 한다.

'결론을 하나로 압축하는 것'이 중요하다고 했는데, 아무리 해도 하나로 압축할 수 없을 때도 있다. 그럴 때는 우선 '부탁' 할 내용이 몇 가지인지를 말하도록 하자. 여러 부탁을 따로따로 전달하면 듣는 사람은 '몇 가지를 부탁하는 거야?' 하고 스트레스를 받는다. 하지만 '부탁'이 몇 가지인지 미리 알고 있으면, 상대방도 편하게 이야기를 듣는데다 머릿속에 결론도 잘 그려진다. 그러므로 먼저 몇 가지를 부탁할지 전달하여 상대방에게 '마음의 준비'를 하게 한 뒤 객관적인 '사실'을 전하고, 거기에 나의 '해석'을 그리고 마지막으로 다시 '부탁'하는 4단계를 밟으면 듣는 사람이 쉽게 이해한다.

| 우선은 '마음의 준비'를 하게 한다 |

다음의 4단계로 듣는 사람은 스트레스를 느끼지 않고 이야기를 들을 수 있다.

① 몇 가지를 부탁할지 전달하여 '마음의 준비'를 하게 한다.

㉄ 두 가지 부탁이 있습니다.

② 객관적인 '사실'을 전달한다.

㉄ 현재 이런 문제가 발생했습니다.

③ 나의 '해석'을 전달한다.

㉄ 원인은 ○○라 생각되고 해결에는 ××가 필요할 것 같습니다.

④ 마지막으로 다시 한 번 '부탁'한다.

㉄ 의견과 지시를 듣고 싶습니다.

16 설명하기 전에 주의해야 할 4가지

설명하는 기술이 늘어도 '상대방이 내 이야기를 들어준다'는 마음가짐이 없으면 소용이 없다. 설명이란 상대방이 내 이야기를 들어주는 것이다. 이렇게 말하면 당연하지 않느냐고 생각하는 사람이 있을 것이다. 하지만 이 당연한 말이 중요하다. 예를 들어 당신이 듣는 입장이라고 해보자. 설명하는 사람이 나이가 어린데도 말투가 묘하게 스스럼없거나 단정치 못한 모습이나 태도를 보인다면, 별로 이야기를 듣고 싶은 기분이 들지 않을 것이다. 특히 중요한 회의나 거래처 미팅에는 그에 걸맞은 차림새나 태도가 필요하다. 또한 타이밍도 중요하다. 상대방이 바쁠 때 일방적으로 이야기를 시작하면 들어줄 이야기도 들어주지 않는다. 설명에는 무엇보다 상식과 상대방에 대한 배려가 중요하다.

설명의 목적을 달성하기 위해서 무엇보다도 중요한 것은 신뢰감을 줄 수 있는 태도이다.

ONE POINT 어드바이스 ···

설명의 기술을 익히기 전에 우선 다음 4가지를 의식하자.
깔끔한 차림새와 자세, 성실함과 책임감이 느껴지는 태도, 웃는 얼굴과 정확한 대답 등의 대응, 상대방에 맞는 적절한 경어.

···

02

그런
설명으로는
상대가 움직이지
않는다

상대가 듣고 싶은 말에는
공식이 있다.

MEMO

01 한마디로
말하자면의 힘

　설명하는 정보의 양이 많다고 해서 듣는 사람의 이해가 깊어지는 것은 아니다. 오히려 그 반대다. 설명을 듣는 상대방이 무엇을 궁금해 할지 모른다는 생각에 무작정 정보량을 늘리는 사람이 있다. 하지만 그렇게 해서는 역효과를 부른다. 정보량이 많을수록 듣는 사람은 이야기의 요점을 제대로 파악하지 못하기 때문이다. 또한 말하는 사람이 전달하고픈 내용을 명확히 하지 않으면, 듣는 사람의 지식이나 경험에 따라 전달한 내용의 요점을 이해하는지 여부가 달라진다.

| '한마디로 말하자면…'을 의식한다 |

설명을 할 때 '한마디로 말하자면…'을 염두에 두면 심플하고 쉽게 전달된다.

● 많은 정보를 한꺼번에 전달하려 하면

A: 그러고 보니 이런 사례도, 이 이야기 아세요?, 그 건의 진행

상황 말인데요…

B: 난 뭘 판단하면 되는 거지…?

● '한마디로 말하자면…'을 의식하면

A: ○○이어서 ○○해주셨으면 합니다.

B: 그렇군. 나도 검토하는 게 좋겠어.

상대방에게 "○○해주었으면 좋겠다"라고 제대로 말하려면 듣는 사람에게 결론이나 판단을 맡기지 말고, 전달하는 사람이 '내가 업무를 관리한다'는 의식을 갖는 것이 중요하다. 이를 위해서는 '상대방이 무엇을 해주면 좋을지', '상대방이 행동에 나서려면 어떤 정보가 필요한지'를 최소한의 정보로 전달하는 연습이 효과적이다. 방대한 정보를 쏟아내지 말고, 전달하지 않아도 될 정보는 과감히 쳐내는 능력을 키우자.

| '심플하게 전달하기' 위한 요령 |

심플하게 전달하기 위한 연습이나 요령으로는 앞서 소개한 '한마디로 말하자면…'을 의식하는 것 외에 '적어보기', '리허설하기'와 같은 방법도 효과적이다.

● 적어본다: 미리 정보를 적어보고 반드시 필요하다고 생각되는 정보를 압축하자. 적은 내용을 되도록 짧게 압축하자.

● 리허설한다: 설명을 잘하는 선배나 동료에게 들어달라고 하자.
　㉠ 심플하게 전달하기를 연습중인데 피드백 부탁합니다.

설명은 짧아야 상대방에게 정확히 전달된다. 또한 한 문장을 짧게 말하는 것도 효과적이다.

평소에 미디어 취재에 응할 기회가 많은 경영자나 홍보 담당자는 미디어 트레이닝을 한다. 미디어 트레이닝은 메시지의 전달 효율을 높여 '전하고 싶은 메시지를 확실히 전하기' 위한 기술을 배우는 것인데, 특히 '길게 말하지 않기'가 반복적으로 강조된다. 내용을 효과적으로 전달하려면 상대방이 마지막까지 집중하여 듣게 하기 위한 요령도 필요하다.

| 미디어 트레이닝이란 |

미디어 트레이닝은 영상이나 지면 매체를 막론하고 미디어의 '편집'을 의식하여 말하는 기술을 익히는 훈련이다.

- 설명이 길면

  ㉀ 어느 부분을 편집해야 가장 화제가 될까…

- 설명이 간결하고 짧으면

  ㉀ ○○가 원인이어서 이번 사태를 불렀습니다.

    그래, 이대로 전달하자.

짧은 설명은 듣는 사람의 이해를 도울 뿐 아니라 정보의 밀도를 높이는 효과도 있다. 또한 설명 전체를 짧게 요약하는 것뿐 아니라 짧은 문장으로 말하는 것도 효과적이다. 방송국 아나운서는 '한 문장에 한 정보'를 기본으로 훈련한다. 짧은 문장으로 말하면 적당한 '틈'이 생겨 상대방에게 전달하기 쉬워지기 때문이다.

| '한 문장에 한 정보'의 예 |

예를 들어 다음의 두 문장을 비교해보면 '한 문장에 한 정보'가 왜 이해하기 쉬운지 알 수 있다.

- 한 문장이 길다

  최근의 이직률 증가는 조직 내 사기 저하가 가장 큰 원인으로

생각되는데, 애초에 이런 사태를 부른 건 경영진을 중심으로
한 조직의 경직화에 있으므로, 이번 인사를 전향적으로 하면
이 문제는 해결할 수 있습니다

● 한 문장이 짧다

[1] 최근의 이직률 증가는 조직 내 사기 저하가 원인입니다.

[2] 이유는 경영진을 중심으로 한 조직의 경직화입니다.

[3] 이번 인사를 전향적으로 하면 이 문제는 해결할 수 있습니다.

ONE POINT 어드바이스 ··

말하는 사람이 미디어를 통해 '전하고 싶은 내용'을 고객이나 시청자·독자에게 정확히 전하려면 '알기 쉬운 표현'과 '상대방의 오해를 사지 않는 표현'이 요구된다.

03 상대방의 관심을 끄는 '서두'의 예

설명을 시작하기 전에 '서두'를 잘 꺼내기만 해도 상대방은 들으려는 마음이 생긴다.

전달하는 사람은 이제부터 설명할 내용이 명백하며 상대방도 바로 이해해 줄 것이라고 단정 지을 때가 자주 있다. 하지만 대개의 경우 듣는 사람은 말하는 사람과 동일한 기초 정보가 없다. 그런 상태에서 갑자기 설명을 시작하면 상대방은 "그게 무슨 얘기야?"라는 반응을 보일 뿐이다. 이런 상황을 피하려면 설명하기 전에 '서두'를 꺼내는 것이 중요하다.

❙ 설명하기 전에 의식해야 할 것 ❙

말하는 사람은 상대방이 '나와 똑같이 궁금해 할 것', '바로 이해해 줄 것'이라고 착각하기 쉽다. 우선은 다음과 같은 사항을 의식하고 이야기를 시작하자.

- 애초에 무슨 이야기인가?

  A: 그 안건 말인데요….

  B: 무슨 안건?

- 듣는 사람이 동일한 정보를 공유하고 있는가?

  A: 그 사람은 그런 사람이고….

  B: 누구 얘기야?

- 상대방과의 연관성은?

  A: 한 가지 상담하고 싶은 안건이 있어서….

  B: 그 안건, 나와 관계있나?

"○○인 상황이어서 부디 ○○씨의 의견을 듣고 싶습니다". 이렇게 서두를 꺼내면 상대방은 이야기를 들어보려는 마음이 생기고 이해 속도가 현저히 빨라진다. 또한 서두를 듣고 이야기의 내용이 자신과 얼마만큼 관련이 있는지 추측한다. 따라서 서두에서는 말할 내용이 상대방과 어떤 관계이며, 얼마만큼 중요한지를 이해시키는 것이 중요하다.

| 상대방의 관심을 끄는 '서두'의 예 |

듣는 사람에게 '서두'를 꺼낼 때는 상대방이 관심 있는 정보를 간결하게 전달하는 것이 중요하다.

① 상대방에게 친근한 에피소드로 시작한다.

㉠ ○○씨가 담당하는 그 안건, 실은 저도 관계가 있어서요.

② 상대방의 전문 분야 이야기로 시작한다.

㉠ ○○씨의 전문 분야니까 의견을 듣고 싶어서요.

③ 상대방에게 참고가 될 이야기라고 전한다.

㉠ 저번에 ○○씨가 말씀하신 안건, 참고가 될 만한 정보가…

④ 상대방에 대한 질문으로 시작한다.

㉠ 과장님의 의견을 듣고 싶은 사례가…

⑤ 상대방과의 관계를 강조한다.

㉠ 실은 저도 예전부터 흥미가 있는 분야여서…

04 그런 설명으로는 상대가 움직이지 않는다

주절주절 설명을 늘어놓지 않으려면 불필요한 정보를 생략하고 간결하게 말하는 것이 중요하다. '설명은 짧게'라고 했는데, 왜 긴 설명은 이해하기 어려울까? 긴 설명에는 불필요한 정보가 많이 포함되기 때문이다. 불필요한 정보란 '중요도가 낮은 정보'이며, 듣는 사람이 알기 쉬운 '이야기의 흐름'을 고려했을 때 뒤로 미뤄도 좋은 정보(배경 정보)를 말한다.

| 듣는 사람이 '듣고 싶다'고 생각하는 정보에 초점 |

길어서 이해하기 어려운 설명과 길어도 이해하기 쉬운 설명의 예를 비교해보자.

○월○일, 시오도메에서 열린 국제미용전시회에 참가했는데

그 결과를 보고하겠습니다. 이 미용전시회는 15년 전부터 개최되어 온 국내 최대 규모의 국제상거래전시회로, 매년 국내는 물론 해외 바이어와 딜러도 많이 참가합니다. 올해의 테마는 'simple but effective(심플하지만 효과적)'이었습니다. 저는 닷새간의 개최 기간 중 나흘째에 참가했는데, 그날 만여 명이 전시회장을 찾아 대단히 성황이었습니다. 전시회장은 미용잡화, 미용기기·가전, 헤어 케어·바디 케어, 유기농 등의 코너로 나뉘어 있었고, 특히 미용기기·가전 코너에 많은 사람이 몰렸습니다. 제가 주목한 것은 어느 여배우가 SNS에서 극찬하여 화제가 된 Z사의 미용기기 코너였는데, 국내는 물론 많은 해외 딜러가 관심을 보였습니다. 반면 우리 회사의 경쟁사인 Y사의 미용잡화 부스는 작년의 성황에 비하면 관심도가 절반으로 줄어든 인상이었으며, 작년만큼 화제가 될 만한 새로운 걸 내놓지 못해서인 듯합니다.

키맨 — 이해하기 어렵다, 이렇게 정보가 많이 필요해?

듣는 사람이 이해하기 쉽도록 설명을 간결하게 하려면 중요도가 높은 정보와 낮은 정보를 선별해야 한다. 즉 듣는 사람이 '듣고 싶다'고 생각하는 정보에 초점을 맞추고, 그 외의 배경 정보는 일단 쳐낸다. 그러려면 '내가 생각한 순서'로 이야기하지 말고 '상대방이 듣고 싶어 하는 순서'를 의식하여 이야기하는 것이 중요하다. 설명을 '이야기의 흐름'에 따라 정리하여 중요도가 높은 부분을 약간 보충하면, 다음과 같이 더 알기 쉽고 목적에 맞는 설명이 된다.

○월○일, 시오도메에서 열린 국제미용전시회에 참가했는데 그 결과를 보고하겠습니다. 올해의 테마는 'simple but effective(심플하지만 효과적)'이며, 이 테마대로 막대한 예산을 들인 홍보가 아니라 SNS 등 입소문으로 히트 상품이 나오는 최근의 시류를 반영한 전시회였다고 느꼈습니다. 이는 앞으로 우리 회사 상품을 판촉할 때도 참고해야 할 경향입니다. 당일 만여 명이 전시회장을 찾았고, 특히 미용기기 · 가전 코너가 성황이었습니다. 그 중에서도 인기였던 것이 Z사의 미용기기 코너로, 해외 딜러의 문의도 많다고 했습니다. 반면 우리 회사의 경쟁사인 Y사의 미용잡화 부스는 올해는 화제가 될 만한 새로운 것이 없고 관심도가 절반으로 줄어든 인상이어서, 보다 기능이 많은 우리 회사의 신상품을 SNS를 활용하여 홍보할 수 있는 기회라고 판단했습니다.

키맨 ― 이해하기 쉽다, 길어도 알기 쉽네, 그렇군, 앞으로는 SNS가 전략의 열쇠인가

사람들은 나와 관련 있는
것에만 관심이 있다

더욱 확실하게 듣는 사람의 관심을 끌기 위해서는 어떻게 하면 좋을까? 키워드는 '상대방과의 연관성'이다. 설명을 할 때는 '상대방과 어떤 관계가 있는지'를 전달하는 것이 중요하다. 상대방이 당신을 잘 아는 사람이면 처음부터 끝까지 관심 있게 들어줄 수도 있지만, 당신을 잘 모르는 사람에게 이야기할 때는 우선 듣는 사람과의 '연관성'을 전달하여 관심을 갖게 한다. 예를 들어 당신의 동료가 "내일 파티 어떻게 할 거야?"라고 물었을 때, 바쁜 당신은 '알 게 뭐야'라고 생각할 수도 있다. 하지만 "내일 파티에 클라이언트가 많이 참가한대"라고 들으면 당연히 관심을 갖게 될 것이다. 이처럼 이야기의 일부에 상대방과의 연관성을 전달하는 표현을 덧붙여보자.

| 상대방과의 연관성을 전달하는 방법 |

상대방과의 연관성을 전달하는 표현은 무궁무진하다. 다음은 그 대표적인 예다.

① 상대방의 기억을 불러오는 표현

A: 과장님, 전에 말씀하신 ○○건 말인데요.

B: 그래.

② 상대방의 흥미를 확인하는 표현

A: 예전에 자네가 궁금해 하던 ○○건 말이야.

B: 아, 그 건

③ 이슈의 의미를 전달하는 표현

A: 이 안건은 ○○씨의 협력이 필수겠지.

B: 그렇겠네요.

06 상대방의 반응을 확인하는 것까지가 설명

상대방을 이해시키는 것만이 아니라 반응을 이끌어내는 것이 '설명'의 목적이다.

상대방에게 뭔가를 전달할 때는 내가 말한 뒤에 '제대로 전해졌는지'를 확인해야 한다. 그저 내용을 이야기하는 것만이 아니라, 전달한 뒤에 상대방의 반응을 확인하는 것까지가 설명이다. 내가 상대방에게 전하고 싶은 내용이 '전해졌는지' 여부를 알려면 이야기를 끝낸 단계에서 상대방의 반응을 살펴볼수밖에 없다. 이때 중요한 포인트는 '상대방이 내 이야기를 이해했는지'가 아니라 '상대방이 무엇을 했으면 하는지'라는 메시지를 확실히 받아들였는가 여부다. 반복하여 말하지만 설명의 목적은 '전달하는 것'이 아니라 '상대방을 움직이게 하는 것'이라는 점을 늘 의식하자.

| 중요한 것은 설명보다 상대방의 반응 |

A: 설명하자면…

B: 음, 그렇군.

A: 그럼 부탁해요.

B: 어떻게 하면 되지?

A: 이러면 어떨까요?

B: 우선은 약속을 잡아볼게.

완벽한 반응 체크는 '상대가 무엇을 해야할지를 확실히 받아들였
는지' 확인해야 한다.

07 '말하는 사람'과
'듣는 사람'의
간극을 좁히는 법

엘리베이터 피치 기술을 사용하면 짧은 시간에 상대방의 반응을 이끌어낼 수 있다.

사내외를 막론하고 비즈니스의 교섭 상대는 늘 바쁘다. 그런 상대방에게 효과적인 방법이 엘리베이터 피치다. 이 말은 '엘리베이터를 타고 있는 동안, 즉 불과 몇 십 초 안에 내 제안을 전달한다'는 뜻으로 쓰인다. 시간이 얼마 없을 때, 말하는 사람은 상대방에게 내용을 확실히 이해시키려 한다. 하지만 듣는 사람은 간략하게 정리된 이야기를 듣고 싶어 한다.

| '말하는 사람'과 '듣는 사람'의 간극 |

'설명을 하는 사람'과 '설명을 듣는 사람' 사이에는 다음과 같이 커다란 간극이 있다.

● '말하는 사람'의 생각: 더 많은 말로 시간을 더 들여 상대방에게 내용을 확실히 이해시키고 싶다.

● '듣는 사람'의 생각: 더 적은 말로 시간을 덜 들여 간략하게 정리된 이야기를 듣고 싶다.

이처럼 말하는 사람과 듣는 사람의 사이에는 의식의 간극이 있기 마련이다. 이럴 때는 '서서 1분 이야기'와 '포인트 메일'이 도움이 된다. 말하는 사람은 긴요한 안건을 미리 1분 정도로 정리하여 그 자리에서 간략하게 전달한다(서서 1분 이야기). 듣는 사람이 바로 답하지 못할 복잡한 안건인 경우에는 그 후에 포인트를 정리하여 다시 메일을 보낸다(포인트 메일). 이렇게 하면 듣는 사람은 그 자리에서 판단하지 않아도 되므로 마음이 편해진다. 또한 나중에 포인트 메일을 받고 여러 상황을 고려하여 결론을 낼 수도 있다.

| '서서 1분 이야기'와 '포인트 메일' |

① 서서 1분 이야기: 전하고 싶은 내용을 듣는 사람에게 1분 안에 전달하는 것이다. 서서 1분 이야기의 요령은 그 자리에서 이야기를 마무리하지 않는 것이다.

② 포인트 메일: 나와 상대방에게 생각할 시간이 필요한 부분은 나중에 '포인트 메일'로 주고받는다. 이 두 가지 방법을 사용하면 그 자리에서 이야기를 매듭지으려고 이것저것 쓸데없이 생각하는 시간이 줄어들어 비즈니스의 효율이 훨씬 높아진다.

08 준비 80퍼센트의
법칙

충분히 준비만 하면 대부분의 일은 수월하게 풀린다.

설명이 서툰 사람의 대부분은 단순히 준비 부족이 원인이다. 거꾸로 말하면 준비를 제대로 하기만 하면 문제의 80퍼센트 이상은 해결된다. 준비 부족은 대개 '어떻게든 제대로 전달될 거야'라는 생각에서 비롯된다. 인간은 머릿속에서 그리는 이미지만으로 수월하게 풀릴 것이라 상상하는 경향이 있다. 하지만 실제로 행동해보면 긴장이나 망각 등의 내적 요인, 돌발 상황이나 반론 같은 외적 요인 등 예상치 못한 일이 많이 발생한다. 이에 대응하려면 역시 준비가 필요하다. 구체적인 준비 순서로는 우선 전체 내용 중 '말하고 싶은 것'을 한마디로 압축한다. 그 다음에 '말하고 싶은 것'을 전달하는 데 가장 이해하기 쉬운 '이야기의 흐름'을 생각하여 최소한의 말로 전하는 방법을 생

각한다. 마지막으로 실제로 소리를 내어 예행연습을 하면 크게
실패할 일은 없다.

| 설명을 준비하는 순서 |

먼저 ○○를 부탁합니다! 라고 하자(최소한의 말로 전해지도록
신경을 써서).

① '말하고 싶은 내용'을 한마디로 압축한다.
② '말하고 싶은 내용'을 전달하기 위한 '이야기의 흐름'을 생각
한다.
③ 마지막으로 '예행연습'을 한다.

ONE POINT 어드바이스 ···

준비를 확실히 하기만 하면 문제의 80퍼센트 이상이 해결된다. 이것이 내가
강조하는 '준비 80퍼센트의 법칙'이다.

···

09 '확인하지 못한 내용'에 대한 대처법

업무를 진행할 때 "몰랐습니다"라는 말은 누구도 납득해주지 않는다.

비즈니스에 있어서 '확인'은 가장 중요한 사항 중 하나다. 일의 중요도에 관계없이 모든 판단을 내릴 때 '이 정보는 확실한가'를 확인하는 것이 업무 진행의 기본이기 때문이다. 또한 업무의 진척 상황을 보고할 때 '확인하지 못한 내용'을 전달하면, 듣는 사람은 '앞으로 어떻게 확인할 것인지'를 기대한다. 그때 "과장님, 전화로 그쪽에 물어봤는데 모른다고 합니다"라고 말할 수는 없다. 그 다음에 어떻게 할 것인지를 보고해야 한다. "전화로는 결론이 안 나니 직접 만나 들어보겠습니다", "기획부를 통해 아는 사람을 찾아보겠습니다" 등 다음 계획을 제시해야 한다. 만약 구체적인 행동으로 연결할 방안이 없다면 "이 다음에 어떻게 진행할까요?"라고 지시를 요청하자.

| '확인하지 못한 내용'에 대한 대처법 |

① 다음 수단을 제시한다. 듣는 사람이 '그 다음에 듣고 싶어 할 내용'을 전달하는 것이 능숙한 설명이다. 즉 '확인하지 못한 내용'에 대한 설명 뒤에 듣는 사람이 가장 듣고 싶어 하는 내용은 그것을 어떻게 확인하려 하는가다.

㉠ 업계에 아는 사람을 찾아보겠습니다.

② 듣는 사람의 지시를 구한다. 스스로 구체적인 확인 방법을 제안하는 게 가장 좋지만, 구체안이 떠오르지 않더라도 지시를 요청하면 보고를 받는 사람은 '진행시킬 의지는 있다'는 점을 확인하고 안심한다.

㉠ 어떻게 진행할까요?

오픈 퀘스천과
클로즈드 퀘스천

이 방법을 이용하면 상대방의 판단을 단시간에 이끌어낼 수 있다.

'상대방이 바라는 것'을 간결하게 전달하는 것이 설명의 기술인데, 이와는 별도로 '상대방이 고르게 하는' 기법도 있다. 선택지를 제한하여 상대방의 대답을 이끌어내는 클로즈드 퀘스천이다. 예를 들어 "찬성인가? 반대인가?"라는 두 가지 선택지가 주어진 경우, 듣는 사람은 둘 중 하나를 고를 수밖에 없다. 이 방법은 선택하기만 하면 되므로, 듣는 사람도 답하기 편하다는 장점이 있다.

| 오픈 퀘스천과 클로즈드 퀘스천 |

'설명을 하는 사람'과 '설명을 듣는 사람' 사이에는 다음과 같이 커

다란 간극이 있다.

● 오픈 퀘스천: 어떻게 대답하든 듣는 사람의 자유니까…

A: 어떻게 생각하세요?

B: 대답은 무한대

● 클로즈드 퀘스천: 제시된 답 중에서 고르니까…

A: A 아니면 B, 뭐로 할까요?

B: 대답은 둘 중 하나

이 방법은 설명할 때도 활용할 수 있다. 이야기 마지막에 설명을 들은 상대방이 '어떻게 하면 좋을지'를 선택지로 제시하는 것이다. 물론 말하는 사람으로서는 설득력 있는 한정된 선택지를 미리 준비해야 하므로 부담이 커진다. 하지만 이 과정을 준비하면 쓸데없는 설명이나 판단 시간을 생략할 수 있어서 비즈니스의 효율이 훨씬 높아진다.

| 클로즈드 퀘스천의 장단점 |

● 장점: 클로즈드 퀘스천은 'Yes'냐 'No'냐로 대답을 이끌어낼 수 있어서 명확한 답을 원할 때 효과적이다. 질문을 준비하면 잘 모르

는 상대방과도 대화의 실마리를 풀 수 있다

● 단점: 클로즈드 퀘스천은 'Yes'인지 'No'인지 둘 중 하나를 선택하게 하므로, 상대방이 추궁을 당한다고 느낄 수도 있다. 자유롭게 대답할 수 없는 만큼 상대방이나 분위기에 따라서는 대화를 이어가기 어려울 수도 있다.

ONE POINT 어드바이스 ··

클로즈드 퀘스천은 상대방의 생각이나 사실을 명확히 하고 싶을 때 효과적이다. 반면 오픈 퀘스천은 상대방에게서 보다 많은 정보나 의견을 이끌어내고 싶을 때 효과적이다.

11 사람은 '의견'만으로 판단하지 못한다

　듣는 사람은 '의견'뿐 아니라 그 배경이 되는 '이유'를 모르면 자신 있게 판단하거나 대답하기 어렵다. 남에게 무언가를 전달하고 싶다는 생각이 강하면, 나도 모르게 내 의견만 주장하는 사람이 많을 것이다. 하지만 상대방 입장에서는 의견을 들어도 그 이유를 모르면 '왜?'라고 의아해할 수밖에 없다. 즉 상대방이 Yes인지 No인지 판단하기 위해 필요한 최소한의 정보가 '의견'과 '이유' 두 가지다.

| 판단에는 이유가 필요하다 |

사람은 '의견'을 들어도 '왜 그렇게 해달라는 것인지'(이유)가 없으면 납득이 안 되어 행동에 나서지 않는다.

- 이유가 없으면…

  A: 부서 이동을 희망합니다.

  B: 왜? 혹시 내가 싫어서?

  □ 듣는 사람은 이유(배경)를 모르면 추진하지 못한다.

- 이유가 있으면…

  A: 지난번 일로 기획개발 업무에 흥미가 생겨서 부서 이동을 희망합니다.

  B: 자네를 잃는 건 안타깝지만 기획개발부장이 내 동기니까 말해둘게.

  □ 서로 이유(배경)를 공유할 수 있으면 듣는 사람도 판단이나 행동을 할 수 있다.

이야기 안에 '왜 그렇게 해주길 바라는지' 이유가 있으면, 듣는 사람은 납득하여 행동에 나서기 쉬워진다. 또한 확실한 이유가 있는 의견을 들으면 '바라는 정보를 제대로 이야기하고 논리적으로 의사소통하는 사람'이라고 평가하므로, 결과적으로 신뢰도 얻을 수 있다. 다만 듣는 사람에게도 그 이유가 명백할 때는 꼭 이유를 말해야 할 필요는 없다.

| 상대방을 납득시키는 '이유'의 예 |

● 의견에 이르게 된 사정을 느끼게 하는 이유

⑩ ~인 사정이어서 저희로서는 판단하기 어려운 상황입니다
(이유) → 이번 주에 한 번 의논드리겠습니다(의견)

☐ 듣는 사람이 모르는 정보나 경위를 전달하여 '사정을 알면 납
득할 수밖에 없다'고 느끼게 할 이유를 전한다.

● 대응책을 마련해야 한다고 느끼게 하는 이유

⑩ 사내에서 상사의 괴롭힘에 대한 호소가 있어서(이유) → 직
장 내 괴롭힘 방지를 위한 연수를 실시해주십시오(의견)

☐ 말하는 사람의 개인적인 생각이 아니라 '업무를 추진하는 데
반드시 필요한 행동'이라고 느끼게 할 이유를 전한다.

ONE POINT 어드바이스

듣는 사람이 판단할 때 논점을 오인하지 않게 하기 위해서도 '의견'뿐 아니라
'이유'도 전하는 것이 중요하다.

12 오해를 방지하기 위한 문장의 기본 요소

업무를 추진할 때는 '누가·언제·왜·무엇을 하는(했는)가'를 명확히 나타내야 한다.

비즈니스 현장에서는 기본적으로 '결과'와 '행동'을 바탕으로 대화가 진행된다. "이런 문제가 발생했습니다(결과). 부서원 전원이 참석하는 긴급회의를 요청합니다(행동)"와 같은 경우다. 이처럼 결과와 행동이 명확치 않으면 아무도 판단하거나 행동하지 못하기 때문이다. 가령 상사가 회의의 결론으로 "우리 부서가 일치단결하여 이 문제에 임하자"라고 말했다고 하자. 하지만 당신은 이 말에 의문이 생길 것이다. 왜냐하면 이 말만으로는 '누가·언제·왜·무엇을 하는지'를 전혀 모르기 때문이다. 전달하는 경우만이 아니다. 특히 신입사원은 업무 지시를 받을 때, 반드시 이해가 될 때까지 지시 내용을 확인해야

한다. 또한 받은 지시는 '언제까지' 해야 하는지를 꼭 묻도록
하자.

| 오해를 방지하기 위한 문장의 기본 요소 |

(누가)신입 사원 ○○가 / (언제)내일 두 시까지 / (왜)참석자를 확인
하기 위해 / (무엇을 한다)연락용 리스트를 정리한다.

ONE POINT 어드바이스 ···

설명할 때 오해를 부를 여지를 조금이라도 줄이고 싶다면, 누가·언제·왜·무
엇을 한다(했다)는 문장의 기본 요소를 되도록 생략하지 말고 전달하자.
···

13 '결정'과 '예정'은 나누어 말한다

'결정', '미결정', '예정'을 명확히 전달하지 않으면 상대방이 받아들이는 뉘앙스가 달라진다.

비즈니스를 할 때 사람은 '결정'된 것과 '미결정'인 것을 민감하게 구별한다. 왜냐하면 듣는 사람은 '결정된 사항'은 뉴스로 받아들이지만, '결정되지 않은 것'에 대해서는 내가 '대응해야 할지 말지'를 생각하기 때문이다. 따라서 설명할 때도 '결정'과 '미결정' 그리고 '예정'에 주의하여 전달하는 것이 중요하다. 또한 이야기하는 내용이 거의 같아도 말하는 순서에 따라 듣는 사람이 받아들이는 인상이 달라진다. 상대방에게 올바르게 전해지도록 순서에도 유의하여 설명해야 한다.

| 말하는 순서로도 인상이 달라진다 |

A: 실적이 부진해서 사업을 접는대. 대책이 없을까?

□ 사업을 접는 것이 결정된 사항으로 이야기된다.

B: 실적이 부진한데 뭔가 대책이 없을까? 사업을 접는다는데.

□ 사업을 접는 것이 아직 최종 결정은 아니라고 받아들인다.

이처럼 같은 말을 해도 이야기하는 순서에 따라 상대방에게
전해지는 뉘앙스는 달라진다.

14 예상외 질문에 대한 대응책

만약 설명하는 도중에 예상치 못한 질문을 받더라도 다음의 3단계로 해결할 수 있다.

설명의 기본은 먼저 '결론'을 전하는 것이다. 하지만 정보가 별로 없는 내용에 대해 예상외의 질문을 받았을 때는 바로 결론을 이끌어내기 어렵다. 그럴 때는 무리하여 '결론'부터 시작할 필요는 없다. 우선은 내가 갖고 있는 정보 가운데 중요하다고 생각되는 포인트부터 이야기를 시작한다. 예를 들어 어느 회의에서 "요즘 젊은 사람들이 SNS를 어떻게 사용하고 있나?"라는 질문을 받았다고 하자. 당신도 충분한 정보가 없을 경우 ①결론은 아직 안 나왔다는 점을 전달한다 ②내가 파악하고 있는 구체적인 예를 든다 ③그 구체적인 예의 공통점을 고려하여 결론을 이끌어낸다. 이 3단계로 이야기를 진행하면 내가 갖고 있는 정보를 가장 알기 쉬운 형태로 상대방에게 전달할 수 있다.

| 예상외의 질문에 대답하는 3단계 |

질문: 요즘 젊은 사람들은 SNS를 어떻게 사용하지?

한마디로 대답하기는 어려운 질문인데

- STEP ① 결론은 아직 안 나왔다는 점을 전달한다.

  ㉎ 트위터는 여러 계정을 만들어 테마별로 나누어 쓰는 것 같습니다. 정보를 수집할 때는 인스타그램의 태그 검색을 자주 하는 것 같습니다.

- STEP ② 내가 파악하고 있는 구체적인 예를 든다.

  ㉎ SNS의 종류가 계속 늘어나고 있어서 이용자들이 용도에 맞게 나누어 쓰고 있는 것 같습니다.

- STEP ③ 구체적인 예의 공통점에서 결론을 이끌어낸다.

공감이 아니라
협력을 구하라

YES라고
말하게 하는 기술

MEMO

01 상대방이 이야기를 듣게 만드는 '서두'

상대방은 '필요한 정보만' 듣는 법이다. 이는 설명의 기본중의 기본이다.

원래 말하는 사람과 듣는 사람의 사이에는 의식의 차이가 있다는 점을 염두에 두자. 말하는 사람은 늘 '내가 가진 정보를 전달하고 싶다'고 생각하지만, 듣는 사람은 '내가 알고 싶은 정보를 가져왔는지'를 궁금해 한다. 즉 말하는 사람은 자신이 가진 정보를 전달하기 전에 우선 듣는 사람의 니즈를 파악하는 것이 중요하다. 상대방이 원하는 것을 알려면 '상대방의 이야기를 듣는 것'부터 시작해야 한다. 또한 상대방이 들을 가치가 있는 이야기라는 점을 '서두'에 전달하는 것도 효과적이다. 다음과 같은 '서두'로 시작하면 상대방도 '이야기를 들어보자'라고 생각할 것이다.

| 상대방이 이야기를 듣게 만드는 '서두' |

이야기를 시작하기 전에 '당신이 알고 싶어 하던 정보를 가져왔다'는 서두를 꺼내면 상대방은 당신의 이야기를 들어준다.

　지난번 회의의 과제를 해왔습니다, 저번에 결론을 못 내린 전문가 말인데요, 괜찮은 사람이 있습니다, 얼마 전에 문의하신 ○○건 말인데요. 이런 서두가 아니라 "잠시 드릴 말씀이 있는데요", "상담 드릴 일이 있어서"라고 이야기를 꺼내면, 듣는 사람은 '시간을 빼앗길지 모른다'며 경계하기 쉽다.

02 숫자와 고유명사의 효과

숫자와 고유명사는 말하는 사람과 듣는 사람의 '공통 이해'에 필수적인 설명 도구다.

예를 들어 잘 팔리는 빵에 대한 상품 설명을 할 때 그저 잘 팔린다고 소개하면 듣는 사람은 어느 정도 팔리는지, 어떤 빵인지 파악할 수 없다. 이럴 때 숫자와 고유명사가 큰 효과를 발휘한다. '하루에 한 점포에서 5백 개 팔리는 빵' '본고장 프랑스에서 인기가 많은 빵'이라는 식으로 설명하면, 듣는 사람은 보다 구체적으로 상품의 이미지를 알 수 있다.

| 숫자와 고유명사를 명확히 말하자 |

Point ① 숫자와 고유명사가 나오면 일부러 속도를 늦추고 정확

한 발음으로 이야기하자.

Point ② 숫자나 고유명사가 나온 문장 뒤에 한 박자 쉬는 것도 효과적이다.

㉠ 그 Google의 라이벌로 유명한… / 작년 대비 3.5배의 매상을 기록했습니다 / 이번 연도 매상은 2백억 원으로 전망됩니다(한 박자 쉰다)

숫자나 고유명사가 나올 때 제대로 듣지 못하면, 듣는 사람은 스트레스를 느껴서 그 다음에 이어지는 설명을 놓치기 쉽다.

숫자나 고유명사를 사용하면 더 구체적인 설명이 된다. 즉 말하는 사람과 듣는 사람은 이미지를 공유하게 되는데, 그렇기에 더더욱 정확성과 엄밀함이 요구된다. 특히 숫자를 애매하게 말해서는 안 되며, 모를 때는 숫자를 쓰지 않는 편이 나을 때도 있다. "5분 안에 도착합니다" "사흘 안에 납품하겠습니다"라고 말한 뒤 이를 실현하지 못하면 당신의 신뢰도는 뚝 떨어진다.

| 상대방에게 잘 전해지는 화법의 예 |

● 숫자를 구체적으로 표현한다.

㉠ 창업 이래 우리 회사는 크게 성장했습니다. 올해도 매상이 큰 폭으로 올랐습니다.

□ 이미지가 전해지기 어렵다.

㉠ 15년 전 창업 당시에 40억 원이던 우리 회사의 매상이 올해는 2백50억 원입니다 / 작년 매상이 2백억 원이었는데, 올해는 2백50억 원을 달성할 전망입니다. 즉 전년도 대비 125퍼센트입니다.

□ 이미지가 쉽게 전해진다.

● 고유명사를 이용한다.

㉠ 어떤 사람이 이렇게 말했습니다.

□ 이미지가 전해지기 어렵다.

㉠ 파나소닉의 창업자인 마쓰시타 고노스케는 이렇게 말했습니다.

□ 이미지가 쉽게 전해진다.

숫자나 고유명사는 사람마다 제각각인 인상의 차이나 애매함을 보충하는 역할을 하므로 설명의 필수 도구라 할 수 있다.

03 대화에서 주로 사용되는
3종류의 말

상대방이 알고 싶어 하는 정보를 더 강력히 전달하고 싶다면 '설득력'을 키우자.

'백문이 불여일견'이라는 속담은 경험의 중요성을 말한다. 실제로 체험하여 얻은 감상이나 고찰은 때로 통계 데이터 같은 객관적인 숫자보다 효과를 발휘할 때가 있다. 요즘에는 레스토랑이나 선술집을 찾을 때도 일반 고객의 평가 사이트가 자주 이용된다. 이는 간편할 뿐만 아니라 경험한 사람의 실제 체험에 설득력을 느끼기 때문이다.

| 대화에서 사용되는 3종류의 말 |
대화에서는 주로 다음과 같은 3종류의 말이 쓰인다.

① 자신의 체험에 기초한 말: 제 경험상 틀림없습니다.

② 체험한 사람에게 들은 말: 담당자에게 그렇게 들었습니다.

③ 일반적으로 하는 말: 이론상으로는 그렇게 될 것 같습니다.

어느 쪽이 낫다는 것은 아니지만, 경험자가 하는 말은 역시 무게감이 있다

물론 객관적 데이터 없이 개인의 체험에 근거한 이야기만 전달하면, 듣는 사람은 신용하지 않는다. 객관성과 주관성의 적절한 균형이 중요하다. 하지만 경험자의 이른바 '살아있는 언어'에는 중요한 가치가 있으며, 표현 기술로는 따라잡지 못하는 설득력이 있다는 점은 틀림없다. 게다가 중대한 결단에 임박할수록, 그리고 말하는 사람을 신뢰할수록 듣는 사람은 경험에 기초한 정보를 중시하는 경향이 있다.

| 실제 경험담의 장점 |

실제 경험을 이야기하면 '설득력'만 늘어나는 것이 아니다. 다음과 같은 이점도 있으므로 몸소 다양하게 경험하여 활용해보자.

Confident① 자신감을 갖고 이야기할 수 있다: 내가 경험했으니까 주저 없이 이야기할 수 있다.

Concrete② 구체적으로 이야기할 수 있다: 감정까지 포함하여

이야기하므로 듣는 사람이 추체험을 할 수 있고 구체적으로 인상에 남는다.

Compelling③ 설득력이 있다: 내가 체험했으니 누구도 그 자체를 부정하지 못한다. 내가 직접 보고 들은 것은 당신만 전달할 수 있는 강력한 메시지다.

04 '변화'에 주목하면
사람의 마음을 끈다

사람은 '현상 유지'보다 '변화'에 흥미를 갖기 쉽다.

오랫동안 만나지 않았던 사람끼리 종종 "요즘 어때요?" "경기는 좋아요?"라는 인사를 주고받는데, 이는 '예전에 만났을 때와 변화가 없는지'를 서로 확인하는 말이다. 이처럼 사람은 '변화'에 많은 관심을 갖는다. 설명을 할 때도 이 '변화'는 매우 중요하다. 왜냐하면 사람은 이제껏 갖고 있던 인식을 바꿀 필요가 있는 포인트에 주목하기 때문이다. 즉 달라진 부분을 강조하면 듣는 사람의 주의를 끌 수 있다. 특히 비즈니스에서는 변화를 아는 것이 상당히 중요하다. 무언가가 달라지면 새로운 대응을 생각해야 하기 때문이다. 항상 변화에 주목하고 이를 설명에 반영하여 상대방의 마음을 끄는 기술을 연마하자.

| '변화'를 전달하는 표현 |

상대방에게 '변화'를 전달하는 표현은 수없이 많은데, 가령 다음과 같은 표현을 쓰면 상대방을 이야기에 끌어들일 수 있다.

㉠ 최근 저출산이 시장에 급격한 변화를 가져왔습니다 / 리서치 중인 트렌드가 달라지는 걸 느꼈습니다 / 이 상품이 혁신적인 점은… / 이번 봄을 기점으로 상황이 바뀌어서…

☐ 이런 변화를 분명하게 말하면 듣는 사람의 주의를 끌 수 있다.

05 '지금까지와 무엇이 다른지'를 전달할 것

과거와 미래를 연결하는 설명을 하면 정보의 신뢰도가 더욱 높아진다.

설명을 잘하는 사람은 '지금까지 이야기한 것을 되짚는 부분'과 '이번에 이야기할 새로운 부분'을 잘 나누어 이야기한다. 그러면 설명을 들은 사람이 '새롭게 들은 이야기'를 다른 회의에서 혹은 상사에게 보고할 때 마찬가지로 알기 쉽게 전달할 수 있다. 반면 설명이 서툰 사람은 '지금까지의 이야기'와 '이번에 새로 할 이야기'를 잘 구분하지 못하여, 듣는 사람으로 하여금 어디부터 어디까지가 새로운 이야기인지 몰라 스트레스를 느끼게 한다. 이런 사태를 피하려면 '여기까지'와 '이제부터'라는 이음말을 사용하자. 다음과 같은 형태로 이음말을 쓰면 듣는 사람은 '지금까지와 무엇이 다른지'를 제대로 이해할 수 있다.

| 이음말의 예 |

'여기까지'와 '이제부터'라는 2가지 이음말을 사용하면, 듣는 사람
은 지난번 협의부터 이번 협의 사이에 진행된 사항이나 알게 된 내
용을 쉽게 이해한다.

⑳ 여기까지가 지난번 이야기입니다. 이제부터가 이번 이야
기인데… / 예전에 봤을 때는 여기까지만 파악했습니다. 이제
부터는 그 후에 알게 된 사항을 말씀드리겠습니다.

ONE POINT 어드바이스 ···

이번에 이야기할 주제가 '어디서부터' 시작하는지 잘 이해시키면, 지금까지와
무엇이 다른지 전달하기 쉬워진다.
···

듣는 사람을 끌어당기는
새로운 정보

듣는 사람에게 '새로운 정보'가 말하는 사람의 존재감을 강하게 남긴다.

말하는 사람이 설명을 하는 시간은 듣는 사람에게는 구속되는 시간이다. 말하는 사람은 그에 대한 보답으로 되도록 유용한 정보를 제공하고 싶어 한다. 그러려면 평소에 듣는 사람이 어떤 주제에 흥미가 있는지, 어떤 정보를 알고 싶어 하는지를 파악해두고 그 분야의 새로운 정보를 의식적으로 습득하자. 화술이나 표현이 서툰 사람도 뉴스를 제대로 활용하면 듣는 사람의 흥미를 끌 수 있다.

| 듣는 사람의 흥미를 끄는 뉴스란 |

듣는 사람은 이야기를 들을 때 놀라움이나 발견, 의외인 정보를 원

한다.

전문 분야의 지식이나 노하우/최신 유행이나 의외인 뉴스/ 듣는 사람이 모르는 사실/듣는 사람의 문제 해결에 필요한 정보 같이 설명을 할 때 이와 같은 뉴스를 더하면 '이 사람의 이야기는 도움이 된다' '이 사람과 함께하고 싶다'고 생각하게 된다.

뉴스란 장안의 화제가 된 최신 아이템이나 기술만이 아니다. 전문 분야에서는 당연시되지만 듣는 사람은 알지 못하는 정보가 얼마든지 있다. 따라서 주요 미디어가 다룬 뉴스가 아니라 업계지나 전문지 등 마이너한 정보원에서 발굴한 뉴스가 효과적이다. 평소에 듣는 사람의 관심사나 전문 분야 등을 조사해두는 것이 중요하다.

┃ 듣는 사람을 끌어당기는 뉴스를 찾는 법 ┃

다른 데서는 들을 수 없는 독자적인 뉴스를 발견하려면 다음과 같은 방법이 효과적이다.

① 마이너한 정보원을 활용
나와 동종 업계인 사람은 읽지 않을 전문지나 업계지, 해외 전문 사이트 등을 체크
② 일부러 '변화구'를 노린다

유명인의 말이나 해외 문헌 등 업무와 관계없는 분야의 자료를
별도로 체크

③ 상대방이 관심 있어 하는 주제를 조사

최근 주목하는 것이나 취미 등, 상대방이 흥미를 가진 분야의 정
보를 조사. 상대방의 관심 주제와 최신 정보를 조합하면 호랑이
가 날개를 단 격!

07 이해가 아니라 협력을 구하라

설명은 어디까지나 '수단'이며, '목적'은 상대방의 행동이나 협력을 얻는 것이다.

1장에서도 말했지만 설명의 목적은 '남을 이해시키는 것'이 아니라 '남이 행동에 나서게 하는 것'이다. 그러려면 내가 가진 정보나 생각을 전부 알리려 시간과 노력을 들일 게 아니라, 듣는 사람이 행동에 나서는 데 필요한 정보에 초점을 맞추어 설명을 해야 말하는 사람과 듣는 사람 모두에게 효율적이다.

| '공감'이 아니라 '협력'을 구한다 |

실제로 상대방의 '이해'를 과도하게 요구하는 사람은 '내 감정'을 이해시키려는 경우가 대부분이다. 하지만 듣는 사람은 감정으로 판단하지 않는다.

- NG: 공감을 구한다.

  A: 알아주세요!

  B: 응, 자네 기분은 잘 알아.

  □ …하지만 감정 공유만으로는 업무가 진전되지 않는다.

- GOOD: 협력을 구한다.

  A: ○○를 부탁합니다.

  B: 알았어. 바로 해두지.

  □ …기분보다 구체적인 요구를 전달해야 듣는 사람이 행동하기
  쉽다.

상대방의 행동을 촉구하려면 듣는 사람에게 모든 것을 이해시키려 하지 말고 ①'반드시 필요한 것'과 '있으면 바람직한 것'을 나누어 반드시 필요한 것을 우선한다 ②상대방의 기대를 높인다. ③모든 것을 이해시키려 하지 않는다. 라는 3가지를 염두에 두고 전달하도록 하자. 듣는 사람이 상세 내용을 이해하든 못하든 행동에 나서주면 설명의 목적은 달성된 것이다.

| 상대방의 반응을 촉구하는 3가지 포인트 |
중요한 점은 이해시키는 것이 아니라 행동에 나서게 하는 것. 다음 3가지 포인트를 의식하여 우선은 상대방의 리액션을 촉구하자.

- POINT ① '반드시 필요한 것'과 '있으면 바람직한 것'으로 나눈다.

  A: 이 부분만큼은 ○○씨의 협력이 없으면 진전이 안 됩니다.

  B: 응, 알았어.

  □ 말하고 싶은 내용을 '반드시 필요한 것'과 '있으면 바람직한 것'으로 나누어 '반드시 필요'한 사정, 그중에서도 '무엇을 해주었으면 하는지'를 가장 우선시하자.

- POINT ② 상대방의 기대를 높인다.

  A: ○○씨가 나서주면 이렇게 전개될 수도 있어요!

  B: 무한한 가능성이 보인다. 뭔가 재밌을 것 같네…

  □ 듣는 사람이 행동했을 때의 효과나 전개를 적극적으로 전달하여 기대를 높이고 당신의 페이스로 끌어당기자.

- POINT ③ 모든 것을 이해시키려 하지 않는다.

  A: OK만 해주시면 그 다음은 맡겨주십시오.

  B: 앞으로 어떻게 전개될지 기대되네.

  □ 당신이 가진 정보와 열의를 듣는 사람과 전부 공유할 필요는 없다. 상대방도 상상할 여지가 있어야 기대감이 커지고 관심도 오래 간다.

08 반응을 읽기 위한 4가지 포인트

아무리 사전에 열심히 준비해도 설명은 생각대로 진행되지 않는 법이다.

듣는 사람의 리액션은 설명한 뒤의 행동이나 협력만이 아니다. 설명을 들으며 보이는 몸짓이나 표정 같은 반응도 중요한 리액션이다. 설명을 할 때는 준비한 메모나 자료만 보지 말고 듣는 사람의 눈과 입, 손의 움직임, 자세 등에 주목하여 공감이나 기대 등 호의적인 반응을 이끌어내도록 방향을 계속 수정하며 이야기하자.

상대방의 반응을 파악하는 것 못지않게 사전 준비도 중요하다. 상대방의 반응을 예상하고 가설을 세워 설명에 임하자. 듣는 사람으로부터 생각지 못한 질문이나 반론을 받는다면 이는 위기가 아니라 오히려 기회다. 최악은 듣는 사람의 무관심이나 무반응이며, 어떤 형태로든 반응이 있으면 설명 방식에 따라 만회할 수 있다.

| 반응을 읽기 위한 4가지 포인트 |

① 가설을 세운다(사전 조사): 예를 들어 영업을 하는 경우 상대 기업의 사이트나 경쟁사의 정보를 조사하여, 상대방이 어떤 반응을 보일지 가설을 세운 뒤 설명에 임하자.

㉠ 우선 상대 기업의 사이트를 체크해두자.

② 상대방의 표정이나 몸의 움직임을 체크: 듣는 사람의 감정은 표정이나 몸의 움직임으로 어느 정도 판단할 수 있다. 자료만 보지 말고 상대방의 반응을 체크하자.

㉠ 시선이 불안하다…. 다른 데 정신이 팔려있네.

③ 반응이 없으면 질문: 반응이 거의 없는 상대방에게는 "지금까지 한 이야기는 이해되시나요?"와 같은 질문을 던져 직접 말로 확인해보자.

㉠ 여기까지 이해가 되시나요?

④ 기분이 안 좋아 보이면 일단 물러선다: 듣는 사람이 언짢아

보이면 일단 물러서서 상대방이 관심을 가질 만한 주제로 잡담

을 하며 이야기의 흐름을 살짝 바꿔보자.

㉠ 조금 다른 이야기인데…

ONE POINT 어드바이스 ··

'가설'은 특히 중요하다. 이 가설이 없으면 상대방의 반응을 봐도 전달 방식이
효과적이었는지 잘못되었는지 되짚어볼 수가 없다.

··

09 부하 직원과
상사의 의식 차이

일 잘하는 사람은 '시간 구분'을 늘 의식한다.

이제부터 시작할 새로운 일에 대한 설명을 요구받은 경우에는 '언제 끝나는가'를 전달하도록 하자. 사내에서 설명을 듣는 사람은 대개 상사 등 다음에 내놓을 대응 방안을 판단하는 위치에 있다. 그 상사는 새로운 업무가 얼마만큼 가치 있고, 얼마만큼 시간을 들이는 일인지 판단하여 그 다음의 전개까지 계산해야 한다. 그런데 '언제 끝나는지'에 대한 보고가 없으면 당신의 스케줄뿐 아니라 팀 단위의 스케줄도 짤 수가 없다. 특히 소요 시간을 예측하기 쉬운 사무 처리 등은 시간 관리를 염두에 두어야 좋은 평가를 받는다. 또한 이렇게 마감을 설정하면, 업무를 효과적으로 추진하는 습관이 붙는다는 장점도 있다.

| 부하 직원과 상사의 의식 차이 |

A: 지금까지 일어난 일을 정확히 전해야…

B: 슬슬 다음 업무 준비를 해야 하는데.

□ 부하 직원은 '지금까지의 일'을 어떻게 전달할지에 중점을 두기 쉽지만, 상사는 '앞으로 어떻게 할지'를 중심으로 생각한다.

10 YES라고 말하게 하는 기술

예스 세트는 심리학에서 사용하는 설득 방법인데 비즈니스에도 응용할 수 있다.

예스 세트에 대해 들어본 적이 있는가? 예스 세트는 미국의 임상최면요법가인 밀튼 에릭슨(Milton Erickson)이 사용한 최면 방법으로, 상대방이 '예스'라고 대답하도록 연이어 질문하여 마음속에 '예스의 마음가짐'을 만들어내는 심리 테크닉이다. 즉 사람은 연달아 "네"라고 말하면 그 흐름으로 자연스레 "네"라고 말하기 쉬워진다는 것이다. 상대방에게 설명하여 승낙을 얻고 싶을 때도 효과적인 방법으로, 상대방이 "예스"라고 답할 만한 질문을 반복하여 최종 목적인 "예스"를 이끌어낸다. 다만 상대방이 어떤 것에 "예스"라고 하는지 평소에 관찰해두지 않으면, 이 방법은 그다지 효과를 발휘하지 않으니 주의해야 한다.

| '예스'를 연이어 말하게 하여 '예스'를 이끌어낸다 |

부하: 지난번 과장님의 예상, 딱 들어맞았네요 / 앞으로 어떻게 할지도 계획이 필요합니다 / 이 기획 추진해도 될까요?

상사: 그래 / 그래 / 그래

□ 부하 직원은 '지금까지의 일'을 어떻게 전달할지에 중점을 두기 쉽지만, 상사는 '앞으로 어떻게 할지'를 중심으로 생각한다.

11 사람은 논리로만 움직이지 않는다, 칭찬 포인트

사람은 반드시 올바름과 합리성만으로 판단하거나 행동하지 않는다.

항상 5천 원짜리 점심으로 만족하는 사람이 여행에서는 런치로 2만 원이나 하는 호화 요리를 먹는 경우가 종종 있다. 공복을 채운다는 의미에서는 후자가 합리적이라 할 수 없지만 가끔은 사치하고 싶다는 감정은 누구에게나 있다. 설명 역시 듣는 사람의 감정을 배려하며 이론과 균형을 맞추어 해나가는 것이 중요하다. 때로는 상대방의 자부심을 북돋우기도 하고, 내 실패담을 이야기하여 공감을 얻는 것도 효과적일 수 있다. 상대방이 어떤 계기로 마음을 열지 모른다. 항상 논리로만 설득하려 하지 말고 상대방의 성격을 읽어 '감정을 자극'할 수 있다면 당신의 설명 능력은 비약적으로 향상될 것이다.

| 칭찬할 때의 포인트 |

상대방의 마음을 여는 데 칭찬은 특히 효과적인 수단이다.
다만 역효과를 부를 때도 있으니 이런 점들에 주의하자.

GOOD: 상대방이 노력한 부분이나 심혈을 기울인 부분을 칭찬
한다.

GOOD: 둘 다 아는 사람을 통해 간접적으로 칭찬한다.

NG: 부자연스러울 정도로 과도하게 칭찬한다.

NG: 다른 사람과 비교하여 칭찬한다.

12 상대방이
메모를 하게 하는 법

메모를 하게 하기 위해서는 상대방이 메모하기 쉬운 형태로 전달하자.

설명을 할 때 듣는 사람이 메모를 하면 전달 내용을 더 확실하게 공유할 수 있다. 그러기 위해서는 임팩트 있는 정보를 제공해야 한다. 강조할 고유명사나 숫자를 제목이나 키워드로 사용하여 듣는 사람에게 그 중요성을 느끼게 하면, 대개 상대방이 자연스레 메모를 하게 된다.

| 메모의 2가지 활용법 |

메모에는 ①상대방이 내 메모를 사용하게 한다, ②상대방이 내 말을 메모하게 한다 라는 2가지 활용법이 있다.

● 상대방이 내 메모를 사용하게 한다: 중요 사항을 항목별로 메모하면 상대방에게 전달하기 쉽다.

   (예) ① 견적이 필요 ② 판매가 인하 압력이 크다 ③ 현재로서는 비용 절감이 필수 ④ 일주일 내 회신 희망

● 상대방이 내 말을 메모하게 한다: 상대방이 항목별로 메모할 수 있도록 중요 내용을 한마디씩 전달한다.

   (예) 판매가를 내려달라는 압력이 큽니다 / 일주일 안에 견적을 받고 싶습니다 / 비용 절감이 필수예요.

말로 할 뿐 아니라 자료나 화면으로 시각적인 어필을 하는 것이 효과적이다. 이때도 문장을 짧게 하는 데 유념하여, 듣는 사람이 메모에만 집중하지 않도록 주의하자. 또한 듣는 사람이 메모를 하면 그 자리에 없던 제3자에게 정보를 전달하게 할 수도 있다. 그러기 위해서도 설명 내용을 항목별로 쓸 수 있게 하는 것이 효과적이다.

| 메모가 움직이게 하는 것은 눈앞에 있는 상대방만이 아니다 |
듣는 사람이 메모를 하면 눈앞에 있는 상대방뿐 아니라 그 너머의 제3자도 움직이게 할 수 있다.

① 메모를 하게 한다.

② 들은 사람이 사내 회의를 거친다.

③ 들은 사람이 상사의 승낙을 받는다.

④ 결과를 낸다.

ONE POINT 어드바이스 ···

설명의 대상은 많은 경우 눈앞의 상대방만이 아니다.

···

13 '시각적으로 보여주는' 효과

메모하면서 설명한 뒤 그 메모를 상대방이 사용하게 하는 방법도 효과적이다.

회의나 프레젠테이션을 할 때 보통 화이트보드에 쓰면서 설명을 하는데, 이런 방법은 간단한 협의를 할 때도 가능하다. 상대방 앞에서 노트를 펼치고 되도록 읽기 쉬운 큰 글자로 메모를 하며 이야기하는 것이다. 이때 메모는 내가 이야기하는 내용을 항목별로 쓰는 것이 기본이다. 화살표나 네모 등을 이용하여 음성 언어로는 표현하기 어려운 부분을 보충하자.

| '시각적으로 보여주는' 효과 |
설명하며 항목별로 쓰는 메모는 TV프로그램의 자막이 참고가 된다.

TV프로그램의 자막은 시청자가 채널을 돌리며 재미있어 보이는 프로그램을 찾을 때 주의를 끌기 위해 사용되기 시작했다. 자막을 주의 깊게 보면 화면에 등장한 사람의 말이나 내레이션을 상당히 잘 정리한다는 것을 알 수 있다

메모할 때 마주 앉은 상대방에게는 거꾸로 보이므로, 작거나 복잡하게 쓰지 않도록 주의하자. 사전에 좌석을 정할 수 있으면 나란히 앉는 편이 좋다. 항목별로 문장을 짧게 쓰는 데 유념할 뿐 아니라, 나중에 제3자가 봤을 때도 대강의 흐름을 알 수 있도록 문제점과 개선 방법, 결론 등 시간 순서를 의식하여 메모하자.

| 메모의 기본(사용법과 장점) |
지금까지 설명한 것 외에도 메모를 활용하면 설명 능력을 향상시키는 데 여러 가지 장점이 있다.

● 메모의 사용법
— 메모는 하나만 갖고 다닌다(두 개 이상 지니지 않는다): 메모용 수첩이나 노트를 한 권으로 한정하면 자연스레 시간 순으로 정리된다. 늘 갖고 다닐 수 있는 크기가 좋다.
— 요점과 키워드만 메모한다: 메모는 요점이나 나중에 떠올리기 쉬운 키워드만 적는 것이 기본이다. 통째로 베끼면 나중에 다

시 봤을 때 요점을 알기 어렵다.

● 설명 능력을 향상시키는 장점

— 요점을 정리하는 습관이 붙는다: 평소에 요점을 메모하면 정

보를 정리하는 습관이 생긴다. 실제 상황과 훈련에 모두 도움이

된다.

— 상대방에게 안정감을 준다: 대화의 요점이 잘 정리되어 있으

면 상대방에게 신뢰감을 준다.

14 파란색 사인펜의 효과

상대방에게 보여주는 메모에 적합한, 많은 비즈니스맨이 선택한 필기구가 있다.

주위 사람들에게 보여주는 메모, 상대방이 주목할 만한 메모를 작성하고자 할 때는 파란색 사인펜을 사용하면 효과적이다. 사인펜은 볼펜이나 샤프보다 굵고 뚜렷이 보이며, 파란색은 부드러운 인상을 준다. 또한 자료에 메모를 해도 눈에 잘 띈다. 메모할 때는 종이를 가득 채우지 말고, 항목별로 적거나 여백을 남기며 짧은 문장을 큰 글씨로 쓰자.

| 사인펜의 마력 ① |

글자가 크고 굵게 보이는 사인펜을 사용하면 남들이 노트를 주목하게 된다. 작은 메모가 화이트보드 역할을 한다.

| 사인펜의 마력 ② |

● 하나의 메모를 공유한다.

① 회의 중에 적은 메모를 참가자 전원이 공유.

② 그 메모가 '공통 이해'가 되고 '회의록' 역할도 한다. 사인펜으로 쓴 굵은 글씨는 인상에 강하게 남는데다 책상 반대편에서도 대각선 방향에서도 확인이 가능하다.

● 이상적인 메모의 예

─ 부서 목표

① 매상 100억 원 → 1인 3억 원

② 야근을 없앤다 → 수요일은 '야근 없는 날'

③ 월 1회 친목회를 연다 → 예산은 부서 전체에서 10만 원/월 ⇒ 목표: 필요한 업무량을 명확히 하여 일할 때는 열심히 하고 쉴 때는 쉰다.

① 제목을 붙인다: 제목을 붙이면 내용 전체를 이해하기 쉬워진다.

② 항목별로 적는다: 짧은 문장을 항목별로 적으면 요점을 파악하기 쉽다.

③ 화살표를 사용한다: 화살표를 사용하면 이야기의 흐름을 알

기 쉽다.

□ 이야기의 흐름을 한눈에 알 수 있게 되도록 단순하게 적는 것

이 요령이다.

**준비안된 상태에서
설명을 요구 받을 때**

'변명'은 말하는 사람을 보호하기 위한 것일 뿐, 듣는 사람에게는 불필요하다.

갑자기 설명을 요구받았는데 준비나 각오가 안 되어 있을 때, 엉겁결에 "아직 준비가 다 안 됐는데" "충분한 설명이 될지 모르겠지만"과 같은 변명 비슷한 서두로 시작한 적이 있을 것이다. 하지만 이런 식으로 답하면 '무능한 사람'으로 여겨져도 어쩔 수 없다. 이 같은 상황에서 듣는 사람이 당신에게 듣고 싶어 하는 것은 변명이 아니라 '지금 어떤 상황인가'다. 따라서 이럴 때는 '변명'이 아닌 '요약'을 전달하자. "지금 확인중이니 다음 주까지 기다려주십시오" "그 건은 아직 40퍼센트 단계인데, 결론은 달라지지 않을 것 같습니다"라는 식으로 전달하면, 듣는 사람도 '현 시점에서의 결론'으로 참고할 수 있다.

| '말하는 사람'과 '듣는 사람'의 의식 차이 |

잘 설명할 수 없는 상황일 때 '말하는 사람'과 '듣는 사람' 사이에는 다음과 같이 의식의 차이가 있다.

말하는 사람: 이게 내 100퍼센트의 실력이 아닌데…

듣는 사람: 자네의 실력이 아니라 현재 상황을 알고 싶은데…

ONE POINT 어드바이스 ....

충분한 설명을 하지 못하더라도 현재 상황을 요약하여 전달하면 듣는 사람은 참고를 할 수 있다.

CHAPTER
04

'열심히' '노력'
'포기하지 않는다'라는
뻔한 말로는 안된다

상대방이 협력하고 싶어지는
말에는 공식이 있다.

MEMO

01

상대방이
협력하고 싶어지는
3가지 포인트

듣는 사람으로 하여금 당신에게 협력할 가치를 느끼게 하는 것이 포인트다.

어떤 상황에서든 협력을 얻게끔 설명하는 요령은 협력할 상대방에게 그 가치를 느끼게 하는 것이다. 가령 상대방의 도움을 받아 일이 정식으로 시작되면 업무를 발주하는 실리적인 경우도 있고, 단순히 응원하거나 답례하고 싶다는 마음이 생기게 하는 경우도 있다. 이를 말로 전달할지 여부는 차치하고, 설명을 할 때 염두에 두었으면 하는 포인트다.

| 협력을 얻으려면 어떻게 해야 될까? |

설명의 '마지막 방점'으로 상대방이 협력하고 싶어지는 상황

을 어떻게 만들지 생각하자.

예산은 있습니다/이대로 협력을 부탁드립니다!/저번에 협조해드린 그 건은 어떻게 되었나요? 등, 어떤 방법으로 공략하면 좋을까~ 상대방이 '협력'하고 싶어지는 경우는 다음과 같을 때다. 응원하는 마음은 당신이 열심히 하는 모습을 상대방이 봤을 때 생긴다. 답례하고 싶은 마음은 상대방이 당신의 협력이나 조언을 받은 후에 생기기 쉽다. 그리고 이용하고 싶다는 속셈은 당신에게 협력하면 뭔가 이익을 얻을 수 있다고 계산한 결과이므로 내 가치를 어필하는 것이 중요하다.

| 상대방이 협력하고 싶어지는 3가지 포인트 |

① 응원하고 싶다: 누구보다 일찍 출근하고 업무가 끝난 뒤에는 공부까지…, 열심히 하는 자세나 열중하는 행동을 보이면 상대방은 '응원하고 싶다'는 마음이 생긴다.

② 답례하고 싶다: 전에 도움을 받았으니… 이번에는 내가 협력하자. 나를 소중히 여기는 사람에게는 그 답례로 '나도 도와주고 싶다'고 생각하게 된다.

③ 이용하고 싶다: 이번에 잘해주고 그 안건을 밀어붙일까…, 본래의 이야기와는 다른 지점에서 나중에 뭔가 이득이 되리라 기대하는(속셈이 있는) 경우도 있다 .

02 '열심히' '노력' '포기하지 않는다'라는 뻔한 말로는 안된다.

진실함이 전해지면 듣는 사람도 리액션을 하기 쉬워진다

아무리 "진심입니다"라고 말해도 상대방에게는 좀처럼 전해지지 않는다. 그 말을 남과의 차이로 보여주어야 상대방이 쉽게 이해한다. 다른 사원이 생각지 못한 아이디어를 내거나 다른 기업이 제시하지 못한 좋은 조건을 보이면, 상대방은 결국 당신의 '진실함'을 느낀다. 이런 어필을 받으면 사람은 자연스럽게 응원이나 협력 등의 반응을 하게 된다.

| 이런 말에 주의하자! |

상사가 그렇게 말해서 / ○○씨가 그렇게 말한다면 해도 상관없지만 / 일단 그쪽에는 지적을 했는데, 이런 류의 책임회피

적인 발언은 '나는 진정성이 없다'고 상대방에게 선언하는 셈이다. 아무쪼록 조심하자.

진실함을 전달하기 위해 타인과의 차이를 보여주면 때로는 책임과 리스크가 동반된다. 인간은 편한 길을 고르거나 책임을 회피하기 마련이므로, 그렇지 않은 방법을 취하는 이상 각오를 해야 한다. 하지만 남과의 차이를 보여준 결과, 상대방에게 전해지는 효과는 절대적이다. '노력'이나 '열심히'라는 말을 아무리 거듭해도 도달하지 못하는 '진실함'을 상대방에게 어필할 수 있다.

| 다른 사람과의 차이로 '진실함'을 보여준다 |

상대방에게 '진실함'을 보여주려 해도 "열심히 하겠습니다"라는 말만으로는 아무것도 전해지지 않는다.

● '진실함'을 판단하는 사람은 내가 아니라 상대방

부하: 이렇게 노력하고 있어요! / 열심히 하겠습니다! / 절대 포기하지 않습니다!

상사: 어필하는 건 알겠는데, 겉으로만 의욕을 보일 게 아니라 일하는 솜씨나 결과를 보여줘.

● 남이 하지 않는, 할 수 없는 방법이 진실함을 전달한다.

부하: 서둘러 전해드리고 싶어서 직접 제안서를 가져왔습니다.

상사: 내일에야 될 줄 알았는데. 고마워요.

부하: 저번에 상담하신 안건, 해당되는 지인 50여 명에게 물어봤는데 안성맞춤인 사람을 찾았습니다.

상사: 그렇게까지 알아봐주다니!

ONE POINT 어드바이스 ···

'열심히' '노력' '포기하지 않는다'는 일하는 사람에게는 당연한 것. 상대방에게
진실함을 보여주려면 남과의 '차이'를 보여주자.

···

03 상대방을
불쾌하게 하는 휴대전화

　협의를 중단시키는 휴대전화는 설명에 방해가 되므로 주의
해야 한다.

　현대 비즈니스 사회에서 특히 외근이 많은 사람에게 휴대전
화는 필수적이다. 하지만 협의 하는 동안 몇 번이나 전화벨이
울리면 상대방은 불쾌한 기분이 들기 마련이다. 상대방의 시
간을 할애 받아 설명을 하는 사람으로서는 상대방의 휴대전화
가 자주 울린들 어쩔 수 없지만, 바쁜 와중에 일부러 시간을 낸
듣는 사람의 입장에서는 상대방의 벨소리에 짜증이 나는 것은
당연하다. 또한 서로 이야기가 한창인 와중에 스마트 폰을 보
면 불쾌해지기 마련이다. 이야기하는 도중에 자꾸 스마트 폰을
만지면 상대방은 '귀중한 시간을 돌려달라'는 생각을 하게 된
다. 이런 사소한 행위로 상대방을 불쾌하게 만들지 않기 위해

서라도 협의 전에는 휴대전화의 전원을 꺼두자.

| 상대방을 불쾌하게 하는 휴대전화 |

A: 정말 죄송합니다. 좀 급한 일이, 삐리리 삐리리

B: 또! 정말 무례한 사람이네.

ONE POINT 어드바이스 ···

협의할 때 휴대전화를 책상에 올려놓는 것도 실례라고 느끼는 사람이 있다. 꼭
받아야만 할 전화가 걸려올 가능성이 있을 때는 적어도 미리 상대방에게 사정
을 설명하고 이해를 구하자.

···

04 상대방의 '자부심'을
북돋우는 화술

상대방에게 다른 사람보다 소중히 생각한다, 존경하고 있다고 전달하는 것이 포인트다.

사람은 '싫어하는 사람의 이야기'는 적극적으로 듣지 않는다. 아울러 '내게 호의를 보이는 사람'을 싫어하기는 어려운 법이다. 이 두 가지 성질에서 알 수 있는 점은 우선 내가 먼저 호의나 경의를 표하는 것이 '말하는 사람과 듣는 사람'이라는 인간관계를 쌓는 데 중요한 접근 방법이라는 것이다. 따라서 "당신에게만 제안드립니다" "가장 먼저 이야기를 들어주셨으면 합니다"와 같이 상대방의 자부심을 북돋우는 서두를 적극적으로 이용하여 설명해보자. 처음에는 상대방이 "말은 그럴싸하네"라며 회의적인 반응을 보일 수도 있지만 신경 쓰지 않아도 된다. 말로만 대우 받는다고 느껴도 기분 나빠할 사람은 없다.

당신의 호의와 경의는 반드시 전해진다.

| 먼저 '상대방을 좋아한다' |

① 상대방에게 먼저 호의를 보인다 ▶ 상대방에 대한 경의를 표한다.

A: 소문은 익히 들었습니다.

B: 기분 나쁘진 않군…

② 상대방의 자부심을 북돋운다 ▶ 상대방의 '협력하고 싶은' 마음을 이끌어낸다.

A: ○○씨가 가장 먼저 이야기를 들어주셨으면 해서 왔습니다.

B: 허허, 이야기를 들어볼까

□ 능수능란하게 주위의 협력을 얻어 비즈니스를 성공시킨 경영자들의 이야기를 들어보면, 반드시라고 해도 될 정도로 '상대방 좋아하기'를 의식했다.

상대방과의 공통점을
발견하는 방법

공통의 흥미나 화제가 있는 사람에게 느껴지는 '공감'을 설명에 활용하자.

나를 향한 호의가 상대방에 대한 호의로 바뀌듯, 사람은 자신에게 흥미를 보이는 상대방에게 흥미를 갖는다. 음식 취향이나 취미, 출신지 등 업무와 관계없는 화제를 꺼내어 상대방에 대한 흥미를 어필하자. 사소한 것이라도 서로 공통점이 있으면 심리적인 거리가 줄어들고 마침내 '공감'이 생긴다. 공감에 바탕을 둔 인간관계는 원활한 설명의 토대가 된다.

| 잡담도 공감을 낳기 위한 하나의 방법 |
사람은 자신에게 흥미를 보이는 상대방에게 흥미를 갖는 법이다.
거기에서 공통의 화제나 체험이 생긴다.

A: 라멘 좋아하시네요. 맛있는 가게가 있는데 함께 가실래요?

/ 추천할 만한 라멘집이 있으면 다음에 데리고 가주세요

B: 아직 별로 친하진 않지만 마음이 맞을 수도…

'공감'을 얻기 위해 중요한 점은 우선 상대방의 이야기를 잘 듣는 것이다. 별것 아닌 대화를 하다가 알게 된 상대방의 개인 적인 에피소드나 프로필에 주목하면, 상대방은 '내 세세한 부분까지 흥미를 갖고 이야기를 들어준다'고 느낀다. 그러면 '다음에는 나도 들어주자' '힘이 되어 주자'는 '답례'의 마음이 생기는 것이다.

| 상대방과의 공통점을 발견하는 방법 |

사람은 상대방과의 공통점을 발견하기만 해도 심리적인 거리가 줄어들고 친근감을 갖게 된다.

● 개인적인 취향이나 경험일수록 공감을 낳기 쉽다.

음식 / 출신지 / 경력 / 어? 그 회사에 계셨어요? 아는 사람이 있어요 / 출신 학교 / 취미

□ 상대방의 취향을 살피고 그것을 비즈니스 회화에 응용하기는 상당히 어렵다. 따라서 상대방은 그렇게 할 줄 아는 사람에게 더 친근감을 갖는다.

● 상대방과의 공통점을 발견하기 쉬운 이야기

  예시를 드는 이야기 / 재미있던 일/주말을 보내는 방법 / 공통점

  체크 기회!

  □ 상대방의 이야기를 듣고 재미있을 것 같으면 나도 흥미를 갖

  고 해보는 방법도 있다.

06 적의 적은 내 편,
이해관계를 살펴라

사내에서 논의할 상대는 상사만이 아니다. '누구와 편을 짜야 하는지'를 늘 의식하자.

협력해줄 만한 상대를 고를 때 중요한 것은 '이해관계'다. 내 제안에 협력함으로써 상대방이 기뻐할지, 이득을 볼지를 고려하여 찾는 것이다. 예를 들어 '야근 없는 날'을 직속 상사에게 제안했는데 "매상이 떨어지면 어떻게 할 거야?"라며 단칼에 거부당했다고 하자. 그렇다면 총무부나 인사부는 어떨까? 다른 부서의 담당자는 그 제안을 채택하면 자신의 평가가 올라간다고 생각할지도 모른다. 만약 상사가 설명 상대로 적절치 않아 보이면, 그 상사와 대립하는 입장인 사람에게 이야기를 가져가는 것도 하나의 방법이다. 즉 '적의 적은 내 편'인 셈이다. 설명이나 상담을 할 때는 '누구와 편을 짜면 이야기가 쉽게 진전될지'를 생각하자.

| 적의 적은 내편 |

당신에게 적이 있다면 그 사람의 적은 당신 편일 수도 있다. 이해관
계를 고려하여 같은 편이 될 상대를 찾아보자.

07 키워드가 되는
한마디

'한마디로 정리하기' 훈련을 하면 설명이 금세 능숙해진다

설명을 끝낸 뒤 상대방으로부터 "결국 뭘 말하려는 건지 모르겠다"는 말을 들은 적이 있는가? 이런 경우는 대개 말하는 사람도 자신의 설명을 키워드가 되는 한마디로 표현하지 못한다. 그럴 때는 설명에 제목을 붙이고 그 제목을 의식하며 이야기해보자. 또한 그 키워드를 설명의 서두와 결말 부분에 넣으면 더욱 효과가 발휘된다. 설명한 후에 말한 사람이 '전달할 내용'으로 설정한 키워드와, 들은 사람이 '전달된 내용'으로 느낀 키워드가 일치하면 정보 전달에 성공했다고 할 수 있다. '이야기를 요약하면 어떤 키워드일지'를 늘 의식하면 듣는 사람의 이해도가 훨씬 깊어진다.

| 무엇을 전달하고 싶은지를 명확하게 |

설명을 할 때 '한마디만 기억하게 한다면' 어떤 키워드일지, '한마디로 제목을 붙이면' 어떤 키워드일지 생각해보자.

혁신? / 최신 기술? / 최저가? / 기업의 노력? / 업무 방식의 개혁? / 성장?

키워드를 하나로 좁히고 그 단어를 중심으로 이야기를 진행하면 설명에 가닥이 잡힌다.

08 "제가 해놓겠습니다"의 위력

비즈니스에서는 사소한 배려가 사람과 사람 사이의 신뢰 관계를 깊어지게 한다.

예를 들어 거래처에 상사와 동행하기로 했을 때, 당신은 "제가 전철 시간과 가는 방법을 알아볼까요?"라고 배려하여 미리 준비하는가? 이러한 배려를 하느냐 하지 않느냐에 따라 상사와의 신뢰 관계에 큰 차이가 생긴다. 상사보다 부하 직원이 인터넷 활용을 잘한다면, 부하 직원의 "제가 해놓겠습니다"라는 말은 더욱 위력을 발휘한다.

| 배려가 신뢰 관계를 쌓는다 |

상사의 시간을 되도록 빼앗지 않고 상사가 아니어도 할 수 있는 업무를 솔선하여 스스로 하는 것이 부하 직원의 예의다.

ⓔ 전철 시간과 가는 방법을 알아볼까요? / 가져갈 자료는 다섯 부면 괜찮을까요? / 기업 정보를 조사해둘까요?

요즘에는 실명으로 블로그나 SNS를 하는 사람이 많은데, 이런 정보는 앞으로 만날 상대방을 알기 위한 매우 좋은 자료다. 만약 상사가 인터넷에 익숙지 않거나 바빠서 상대방에 대해 충분히 조사하지 못할 경우, 부하 직원이 미리 이런 정보를 알아두면 거래처 상대는 '이런 것까지 준비해왔네'라고 생각하게 되고, 당신에 대한 상사의 신뢰는 한층 더 높아질 것이다.

| 상사와 처음 상대방을 만날 때 준비할 사항 |
상사와 거래처에 갈 때는 다음과 같은 준비와 체크를 솔선하여 상사의 번거로움을 덜어주자.

— 거래처 주소(가는 방법): 역에서 꽤 걷네… 택시로 갈지 과장님과 상의해보자.

— 전철 시간과 환승: 45분 전에 회사에서 출발하면 10분 전에 도착하겠군.

— 상대방 기업의 홈페이지: 이런 신규 사업을 시작하는구나. 과장님에게 보고해두자.

— 자료 준비: 내용과 부수도 체크해서…

아울러 거래처 담당자의 이름을 인터넷에서 검색하면 사람에 따라서는 업무나 취미, 저서나 수상 이력, 교우 관계 등 다양한 정보를 얻을 수 있다. 상대방에 대한 정보를 알아두면 이야기하기 쉬운데다가, 상대방으로 하여금 '이런 것까지 조사해 왔구나'라는 마음이 생기게 한다.

09 단순 접촉 효과

내가 먼저 상대방을 믿고 '내가 어떤 사람인지'를 전달하는 것이 중요하다.

'단순 접촉 효과'라는 심리학 용어가 있다. 처음에는 싫었던 물건도 접촉할 기회가 많아지면 호감을 갖게 된다는 이론인데, 대인 관계도 마찬가지다. 즉 상대방과의 신뢰 관계를 쌓으려면 내가 먼저 자주 만날 기회를 만드는 것이 단순하면서도 확실한 방법이다. 영업 사원이 용건이 있든 없든 정기적으로 고객이나 거래처를 방문하는 것은 이론적으로도 효과가 있는 셈이다.

| 평소에 '별것 아닌' 대화나 상담을 한다 |

그런데 ○○씨, 개와 고양이 중에 뭘 더 좋아하세요?처럼 상

대방과 접촉할 때 반드시 의미 있는 주제가 필요하지는 않다. 평소에 별것 아닌 대화나 상담을 자주 해두는 것이 중요하다.

상대방과 만나서 나누는 대화는 어떤 주제든 상관없다. 오히려 별것 아닌 화제가 진정한 인품을 더 잘 드러낸다. 우선은 나부터 상대방을 믿고 '내가 어떤 사람인지' 솔직히 전달하자. 마침내 상대방이 당신의 됨됨이를 파악하여 신뢰할 수 있다고 생각하면 여러 가지를 이야기하기 시작할 것이다. 여차할 때 의지하게 되는 인간관계는 이렇게 만들어가는 것 외에 다른 방법이 없다.

| 단순 접촉 효과란? |

동일한 인물이나 물건에 접촉하는 기회가 늘어날수록 그 대상에 대해 좋은 인상을 갖게 된다는 단순 접촉 효과(자이언스 효과 Zajonc Effect)는 마케팅을 비롯한 비즈니스에서 폭넓게 응용된다.

● 자주 만나게 되면…

① 친근감을 갖는다: 처음 뵙겠습니다. / 잘 부탁합니다.

② 상대방을 잘 알게 된다: 호~ 그런 면이

③ 업무 진행 방식이나 사고방식이 보인다: 음, 상당히 능력 있네.

④ 신뢰관계가 생긴다: 자네 잘하는군.

⑤ 협력하고 싶어진다: 자네에게 부탁하지.

지금 해야 할 이야기인지
나중에 해야 할 이야기인지

이 테크닉을 사용하면 당신도 회의의 효율을 높이는 데 공헌할 수 있다.

협의 도중에 본래의 목적에서 벗어난 이야기가 길어져 귀중한 시간을 낭비할 때가 종종 있다. 이를 막으려면 화제가 딴 길로 새려 할 때, '지금 해야 할 이야기'인지 '나중에 해도 되는지'를 생각해보자. '나중에 해도 되는 이야기'라면 화제를 원래로 되돌려야 한다. 가령 참석자 중 한 명이 본래의 목적과 관계없는 화제를 당신에게 던졌다고 하자. 그럴 때는 거기에 답하지 말고 한마디로 "그렇군요"라고 말한다. 그러면 상대방은 자신이 한 말이 어느 정도 받아들여졌다고 생각하기 때문에, 다른 화제로 옮겨도 그리 부자연스럽게 느끼지 않는다. 그 후에 "조금 딴 길로 샜는데 본래 주제로 돌아갈까요?"라며 이야기를 원래로 되돌리는 것이다.

| 협의 목적을 모두가 공유한다 |

이번 회의의 목적을 분명히 해야한다, 특정 과제에 대한 논의 / 최신 정보 공유/마케팅 계획 책정 / 진행 상황 확인 / 결론을 낸다 등, 업무 협의에는 반드시 목적이 있다. 화제가 딴 길로 새는 것을 막으려면 회의의 목적을 모두가 공유하는 것도 중요하다

11 협력하고 싶어지는 질문 방식

　비슷한 질문이어도 묻는 방식에 따라 상대방이 느끼는 감정은 천양지차다.

　예를 들어 A와 B라는 부하 직원 두 명이 상사에게 각각 다음과 같은 질문을 했다고 하자. A "과장님, ○○의 의미를 모르겠는데 알려주시겠습니까?" B "과장님이 지금까지 하신 경험에 비추어 ○○에 대한 견해가 어떠신지 들려주시겠습니까?". A의 질문을 들으면 많은 사람이 '뜻은 스스로 찾아보지?'라고 생각할 것이다. 반면 B의 질문은 상사 개인의 경험을 바탕으로 한 견해를 구하고 있다. 이처럼 개인의 경험에서 얻은 지식은 그 사람만의 것이며 그 사람에게 물을 수밖에 없다. 그 가치를 존중하여 듣는 태도를 취하면 상대방도 마다할 이유가 없다. 이런 방식으로 접근하면 질문을 받은 사람은 자부심을 느끼고

'기꺼이 도와주자'는 마음이 생긴다.

| 협력하고 싶어지는 질문 방식 |

A: ○○의 의미를 알려 주세요.

B: 그런 거 몰라.

□ 개인의 경험에 대한 존중이 없다.

A: 개인적인 견해도 좋으니 충고해주실 수 있을까요?

B: 경험을 존중해주네.

□ 개인의 경험을 소중히 여긴다.

'당신'의 도움을 원한다는 말을 듣고 싫어할 사람은 없다.

12 진심을 전달하는 3가지 비결

① 웃는 얼굴의 효과

웃는 얼굴로 활기차게 이야기하면 설명 도중의 실수나 준비 부족을 만회할 수도!

이번 장의 마지막에는 상대방에게 진심을 전달하는 3가지 비결을 소개한다. 첫 번째 비결은 '웃는 얼굴'이다. 항상 웃는 얼굴인 사람은 왠지 존재감이 있다. 그 밝은 분위기가 주변 사람을 끌어당기는지도 모른다. 당연히 이런 사람은 주위로부터 기회를 얻을 때도 많다. 진지함이나 열의, 진심을 전달할 때 웃는 얼굴은 부적절하다고 생각하기 쉬운데, 그런 마음가짐은 행동으로 보여주는 것이지 표정으로 어필하는 것이 아니다. 또한 설명이 잘 전달되지 않는다고 해서 짜증이나 분노를 보이는 것은 당치 않은 행동이다. 실수를 했어도 웃는 얼굴로 가르침을 구하면(실수 내용에 따라 다르겠지만), 상대방은 개선해야 할 점을 알려준다. '이 사람은 솔직하고 긍정적이다'고 여기게 할 만한 느낌 좋은 웃는 얼굴은 강력한 무기가 된다.

| 웃는 얼굴의 효과 |

① 웃는 인상인 사람에게는 많은 기회가! 웃는 인상인 사람은 존재감이 있어서 주변 사람으로부터 많은 기회를 얻는다.
② 기회의 수가 많은 만큼 성공 횟수도 많아진다: 도전할 기회가 많은 만큼 다 성공하지 못하더라도 성공 횟수가 많아진다.

② 성장과정을 전달하라

설명을 할 때는 '결과'만 보고하기 쉬운데, 그렇게 해서는 상대방의 마음이 움직이지 않는다.

두 번째 비결은 자신의 성장과정을 전달하는 것이다. 만화나 드라마에서 주인공의 '성장 스토리'가 그려질 때가 많은데, 원래 사람은 '성장' 과정을 보면 감동을 하고 자연스레 응원이나 격려를 하고 싶어지는 법이다. 즉 설명 내용에 '업무로 성장한 경험담'을 담으면 상대방은 '이 사람을 돕고 싶다'는 마음을 갖게 된다. 이미 성공을 이룬 경영자들 중에도 블로그나 SNS에 일상 업무에 대한 고민이나 과거의 고생담을 쓰는 사람이 있다. 그들은 자기 자신을 온전히 내보여 독자에게 친근감을 느끼게 하고 팔로워를 늘린다. 이처럼 내가 경험한 실패담이나 시행착오한 에피소드를 섞어 성장 과정을 이야기하면, 듣는 사람은 그 '과정'에 공감하여 협력하고 싶어진다.

| 성장 '과정'을 전달한다 |

성장 과정을 인상 깊게 전달하려면 이런 경험을 이야기해보자. 문제 의식을 갖게 된 계기/어떤 문제가 발생했는가 / 그 문제에 대해 무엇을 했는가 / 지금은 어떻게 생각하는가/어떻게 극복했는가

예를 들어 많은 뛰어난 운동선수가 있지만 특별히 남녀노소를 불문하고 인기가 있는 선수들의 이유는 이 선수들의 도전과 성장 과정을 전 국민이 지켜보았기 때문이다.

③ 직접 찾아가기

실제로 만나서 하는 설명은 유사시에 큰 효과를 발휘한다.

세 번째 비결은 '직접 찾아가기'다. 전화나 이메일은 상당히 편리하긴 하지만, 음성이나 글자만으로는 서로의 표정이 보이지 않아서 성의나 열의를 갖고 상대방의 감정에 호소하는 설명에는 적합하지 않다. 중요한 판단을 구할 때나 막다른 상황

을 타개하고 싶을 때는 역시 상대방이 있는 곳을 직접 찾아가 마주보고 설명하는 편이 효과적이다. 악천후나 장거리인 조건임에도 방문하는 데 시간과 노력을 들이면, '이렇게 더운데 와주었다' '멀리서 오느라 수고했다'는 식으로 상대방의 마음을 움직일 수 있다. 다만 직접 가서 설명하면 상대방도 손님을 맞는 수고와 시간이 들고, 당신의 근무 시간도 무한정 많은 것은 아니다. 따라서 '승부처' 혹은 '결정적인 순간'에 사용할 비장의 카드로 생각해두면 좋다.

| 직접 찾아가서 '성의'와 '열의'를 전달한다 |

더울 때, 비가 올 때, 멀 때 직접 찾아가는 효과는 크다.

일 잘하는 사람은
질문을 예상한다

평가가 올라가는 회의는
공식이 있다.

MEMO

01 정해야 할 일,
정해질 일, 과제

회의는 (본래) 무언가를 정하기 위해 하는 것이다. 무엇을 결정할지 미리 생각해두자.

회의에서 무슨 이야기를 해야 할지 망설이지 않으려면 시나리오를 만들자. 시나리오는 회의록에 기록될 만한 내용을 미리 가정하여 만든다. 정해야 할 일, 정해질 일, 앞으로의 숙제 등 3가지 포인트를 예상한 뒤, 결론을 이끌어내려면 어떤 정보를 보여주고 무엇을 논의하며 다른 참석자에게 어떤 정보를 얻어야 할지 회의 전에 생각해둔다.

| 회의 전에 회의록을 가정하여 준비한다 |

회의에서 무엇을 해결할지, 어떤 것을 정할지 먼저 생각한 뒤 자료를 준비하자.

① 정해야 할 일: 의제 – 무엇을 해결해야 할지, 어떻게 진행할지를 확인한 뒤 자료를 준비한다.

② 정해질 일: 결론 – 결정한 후 누가 진행할지, 책임 소재 등을 예상해둔다.

③ 앞으로의 숙제: 과제 – 회의의 의미를 명확히 하고 다음 단계를 예상해둔다.

회의의 80퍼센트는 준비로 정해진다. 실제 회의에서는 서두에 의제(오늘 회의에서 결정하고 싶은 것)와 진행 방침(이런 순서로 이야기했으면 한다) 2가지를 알려 참석자와 이해를 공유하자. 아울러 논의 결과를 바탕으로 앞으로의 과제를 정하는 것도 중요하다. 그렇게 하지 않으면 모처럼 회의에서 얻은 결론이 말만 앞세운 참견으로 유야무야될 때도 있다.

| 회의가 헛되지 않게 하기 위해 |

회의 서두에 의제와 진행 방침을 알린다. 의제란 오늘 회의에서 결정하고 싶은 항목이며, 진행 방침이란 논의해가는 흐름을 말한다. 회의 말미에는 업무 진행상 회의가 갖는 의미와 참석자 각각의 역할을 명확히 하기 위해 숙제를 제시한다. 숙제는 회의 후 다음 단계에서 진행할 사항을 확인한다. 각자 잊지

않고 과제에 임하여 논의가 원점으로 되돌아가지 않게 한다.

ONE POINT 어드바이스 ··

회의록을 남기는 것도 중요하다. 나중에 볼 수 있게 신경을 써서 회의록을 작
성하면, 회의에 참석하지 않은 사람에게 이해를 공유하도록 촉구하는 의미도
있다.

··

02 사실에는 분기점이 있다

'시간의 흐름'이라는 개념은 비즈니스 세계에서 중요하다. 다른 사람에게 전달할 때도 시간의 흐름은 중대한 요소다.

'언제'라는 정보는 길 안내판과 동일한 역할을 한다. 다른 사람에게 사실을 전달할 때는 '언제'라는 시간 순서가 중요하다. 가령 "○○가 발생해 ○○로 대처했습니다."라고 상사에게 보고를 했어도 나중에 다른 사건이 생겨 상황이 바뀔 가능성이 있다. 사건의 중요성과 상황은 그것이 언제 일어났느냐에 따라 크게 달라진다.

| '언제'라는 시간 순서가 이야기의 안내판 |

무언가를 전달할 때 과거, 현재, 미래의 '어느' 단계에서 일어난 것인지 의식하여 말하도록 하자.

Past(과거)의 어느 단계에서 일어난 일인지, Present(현재)의 어느 단계에서 일어난 일인지, Future(미래)의 언제인지 시간의 흐름을 알 수 있도록 전달하면 복잡한 일들도 일목요연하게 전달 할 수 있다.

모든 사실은 시간 순서대로 흐르기 때문에 보고를 할 때는 '변화할·변화한' 포인트인 분기점을 전달하는 것이 중요하다. 예를 들어 매상을 보고할 경우 "1년 전에는 실적이 이랬는데, 반년 전부터 이렇게 달라졌습니다."라는 식으로 시간을 나누어 설명하자. 이때 말하는 사람과 듣는 사람이 시간의 흐름을 공유하고 있는지 확인하는 것이 중요하다.

| 사실에는 분기점이 있다 |

① 개구리 알이 있다.

② 알이 올챙이가 되었는데…. ▶여기가 분기점

③-a 그 올챙이가 개구리로 성장했다.

③-b 그 올챙이는 성장하지 못하고 죽었다.

ONE POINT 어드바이스 ···

사실을 설명할 때 경위가 복잡할수록 분기점을 정리하여 전달해야 이해하기 쉬워진다.

···

03 질문을 예상하는 방법

받을 만한 질문을 미리 예측하면 설명의 완성도가 높아진다.

상사 등에게 무언가를 보고할 때 받을 만한 질문을 가정하여 그 대답을 미리 준비해두는 것이 중요하다. 사전에 대답을 준비하면 진행이 수월해져서 시간도 단축된다. 또한 당황하지 않고 질문에 대응할 수 있으며, 상대방의 반응을 보며 질문할 만한 중요한 정보를 설명 중에 미리 끼워 넣을 수도 있다.

| 질문을 예상하면 설명의 완성도가 높아진다 |

— 예상했던 질문: 피해자의 상태는? / 범인은? / 부모에게 연락했나?

— 준비한 답: 14시경 의식을 되찾았습니다 / 현재 도주중입니다

/ 조금 전에 연락했습니다.

상사의 질문을 예상하는 요령은 다음과 같다. 상사의 질문 항목을 평소에 체크해둘 것, 동료를 상대로 예행연습을 해볼 것, 질문할 만한 것 이상으로 대답을 준비해둘 것, 듣는 사람이 무엇에 관심이 있는지를 예상하면, 상대방에게 맞는 알기 쉬운 설명을 할 수 있다.

| 질문을 예상하는 방법 |

● 어떻게 하면 질문을 예상할 수 있을까?
① 상사의 질문 항목을 평소에 체크해둔다.
② 동료를 상대로 예행연습을 해본다.
③ 질문할 만한 것 이상으로 대답을 준비해둔다.
④ 듣는 사람이 무엇에 관심이 있는지를 예상할 것.

ONE POINT 어드바이스 ···

이외에도 예전에 질문을 받았다가 대답하지 못한 사항이나 동료가 지적한 내용이나 질문 등도 복습해두면 좋다.

04 문장의 마지막을 바꾸면 뜻이 반대가 된다

　문장의 마지막이나 어미를 확실히 말하지 않으면 여러 가지로 번거로워진다. 듣는 사람이 불안한 마음을 갖지 않게 하자.

　어미를 불명확하게 이야기하는 사람은 인상이 나빠진다. 가령 어떤 사람이 "저 사람의 행동에는 배려가 느껴져요"라고 말했다고 하자. 이 말의 어미를 '느껴지지 않아요'라고 바꾸면 뜻이 정반대가 된다. 이처럼 문장 끝에 따라 뜻이 정반대가 될 때가 있으므로 어미를 분명하게 말하는 것이 중요하다. 또한 어미가 불명확하면 무언가 숨기는 것이 있는 것처럼 느껴지기도 한다. 듣는 사람은 중요한 이야기라고 생각할수록 모든 정보를 제대로 확인하며 듣고 싶어 한다. 말하는 사람 입장에서는 문장이 끝날 무렵 그 다음에 이야기할 내용이 신경 쓰이겠지만, 문장을 끝까지 분명하게 말하지 않으면 오해를 사기 쉽다.

| 문장의 마지막을 바꾸면 뜻이 반대가 된다 |

문장의 마지막을 바꾸면 뜻이 정반대가 될 때가 있어서, 어미나 문장의 마지막을 확실히 말하지 않으면 나도 모르게 오해를 사게 된다.

A: 그 사람의 행동에는 배려가 느껴져요.

B: 나도 그렇게 생각했어.

□ 어떤 인물의 행동을 칭찬하는 말이었다.

A: 그 사람의 행동에는 배려가 느껴지지 않아요.

B: 어? 그래?

□ 어떤 인물의 행동을 비난하는 말로 바뀌어버린다.

05 상대방과의 공통 키워드를 사용하자

발상의 차이에서 오해가 생겼을 때는 우선 공통 키워드를 찾아보자.

같은 말도 사람에 따라 연상하는 내용이 다를 때가 있다. 예를 들어 '가족처럼'이라는 표현에 대해 사이좋은 대가족을 연상하는 사람이 있는가 하면, 친형제의 이미지조차 떠올리지 않는 사람도 있을 수 있다. 이러한 말의 이미지 차이에서 생기는 오해를 줄이는 방법이 있다. 바로 상대방의 키워드를 사용하는 방법이다. 상대방이 자신만의 단어를 쓰는 경우 혹은 이야기 중에 같은 단어를 반복하여 쓸 때, 그 뜻을 확인하여 내 설명에 의도적으로 이용하는 것이다. 이렇게 하면 서로 말의 의미를 공유하고 있으므로 의사소통이 원활해진다.

| 공통의 키워드를 사용하여 대화하자 |

공통의 키워드를 사용하면 오해 없이 수월하게 대화를 이어갈 수 있다.

A: 난 방랑자니까.

B: 무슨 뜻인가요?

A: 미혼이라는 말이야.

B: 그렇군요.

A: 이번 미팅에 T군도 부를까?

B: 그 사람도 방랑자인가요?

A: 그래그래.

B: 꼭 부르죠.

06 단계별로 설명하면
이해시킬 수 있다

전달 방법을 단계화하면 비즈니스 현장에서 새로운 거래처를 접할 때 내 입장을 쉽게 이해시킬 수 있다.

사람은 뭔가를 파악할 때 일정 단계에 이르지 않으면 다음 단계가 보이지 않을 때가 종종 있다. 따라서 복잡한 이야기는 단계별로 나누어 전달할 필요가 있다. '이 단계까지 이해하지 못하면 그 이후는 알아듣지 못할 수도 있다'는 관점으로 주제를 단계별로 나누고, 상대방의 이해도를 확인하며 설명해가는 것이 중요하다.

| 단계별로 설명하면 이해시킬 수 있다 |

● STEP ① 결과만 보고 경위를 이해시키기는 어렵다.

A: 결과가 이렇게 됐습니다!

B: 왜 그렇게 됐지?

● STEP ② 모자가 필요한 이유를 설명한다.

A: 이 모자는…

● STEP ③ 우산이 필요한 이유를 설명

A: 이 우산이 없으면…

● STEP ④ 의상이 필요한 이유를 설명

A: 이 의상은…

B: 그렇군!

한 번의 설명으로 어디까지 진전시킬지는 말하는 사람과 듣는 사람의 관계에 따라 다르다. 매일같이 이야기하는 상사와 가끔 만나는 거래처는 당연히 신뢰도나 이해도가 다르다. 상대방과의 관계에 맞추어 설명의 진행 속도를 달리하자. 또한 전제나 확인 사항 등 설명의 배경이 되는 정보는 사전에 이메일로 보내고, 일정 단계까지 전달했으면 이어지는 내용은 다음에 전하는 방법도 효과적이다.

| 상대방에 따라 단계를 달리한다 |

① 늘 만나는 사람은 단계를 적게, 좀처럼 만나지 못하는 사람은 많이 둔다.

② 신뢰를 얻지 못한 상대에게는 제안에 이르기 전까지 확인 단계를 여러 개 둔다.

③ 설명할 시간이 확보되지 않을 때는 확인 사항을 사전에 이메일로 전달하고 단계를 생략한다.

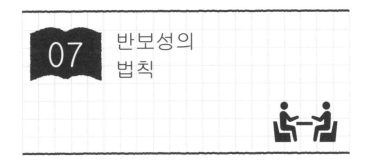

07 반보성의 법칙

이야기의 설득력을 늘리려면 말하는 사람의 신뢰도를 높이는 것이 중요하다.

복잡한 이야기를 단계별로 나누어 순서대로 전달했는데도 상대방의 이해를 얻지 못했다면, 말하는 사람의 신뢰도가 낮기 때문일 가능성이 있다. 이야기의 신빙성은 말하는 사람에 대한 신뢰와 이어지기 때문이다. 평소의 커뮤니케이션에서 신뢰를 얻도록 노력하여 듣는 사람으로 하여금 '이 사람 말은 진지하게 검토할 가치가 있다'고 생각하게 하는 것이 중요하다.

| 신뢰가 있느냐 아니냐에 따라 상대방의 반응은 달라진다 |

● 신뢰가 없는 사람의 경우

A: 좋은 이야기가 있는데.

B: 설명해 봐.

A: 자, 하자!

B: 잘 모르겠는데.

● 신뢰가 있는 사람의 경우

A: 한 번 해볼래?

B: 잘 알겠어.

신뢰가 높을수록 말하는 사람의 설득력이 늘어난다.

상대방이 신뢰를 갖게 하려면 감정을 자제하고 이야기해야 한다. 인간에게는 어떤 감정과 맞닥뜨리면 동일한 감정을 돌려주려 하는 반보성의 법칙이 있어서, 분노 등의 감정에 부딪히면 상대방에 대한 불신감이 더해진다. 그렇다고 해서 "의지할 사람은 당신뿐입니다"라는 식의 판에 박힌 하소연은 당장의 위기를 모면하기 위한 임시방편에 지나지 않는다. 아울러 수치는 정확히 전달하자. 데이터를 대충 취급하면 이야기 자체의 신뢰성을 잃고 만다.

① 감정론에 빠지지 않는다.

A: 왜 몰랐어?

B: 내 탓이라는 거야?

② 임시방편에 불과한 하소연은 하지 않는다.

A: 의지할 사람은 당신뿐입니다.

B: 거짓말이지?

③ 수치는 정확히 전달한다.

A: 뭐 10억이나 1억 정도?

B: 전혀 다르잖아!

08 다음 단계를
먼저 제안하자

받은 지시를 다 처리했으면 업무의 다음 단계를 먼저 제안하자.

일 잘하는 사람은 협의를 마친 뒤 '다음번에는 무엇을 이야기할지'를 주위에 물어 다음 단계에 대한 동의를 구한다. 이렇게 하려면 협의의 전체 흐름을 예상하여 어디에서 어떻게 이야기를 정리하고 다음 약속을 할지 미리 생각해두어야 한다. 나중 일까지 고려하여 이번 협의에서 결정해야 할 목표를 정하는 것이다. 물론 상대방이 존재하는 만큼 목표에 이르지 못할 때도 있다. 하지만 논의가 어떻게 진행될지를 예상하지 않으면 시간이 아무리 많아도 결국은 모자라기 마련이다. 진행할 업무의 큰 틀을 파악하고 있다면, 진전이 없는 논의는 일단 중단했다가 다시 시작할 수도 있다. 업무의 진행 방식은 대수롭지 않은 것으로도 크게 달라지는 법이다.

┃ 목표를 상정하여 다음 단계를 제안한다 ┃

— 협의 전에: 전체 흐름을 예상하여 목표를 설정

— 협의 시작: 이 안건인데요…

— 목표: 이야기가 예상대로 정리됐다!

— 다음 단계 제안: 자, 다음에는 ○○에 대해 이야기할까요?

— 정체: 논의가 제자리걸음…

— 다시 시작한다: 오늘은 그만하고 추후에 다시 논의합시다.

09 내가 할 수 있는 과제를 먼저 제안하라

협의의 마지막에 다음번까지 해야 할 과제를 먼저 제안하자.

협의의 마지막에는 다음 스케줄을 정해야 한다. 참석자 각자가 다음 협의까지 무엇을 해야 할지 정하지 않으면 논의한 의미가 없기 때문이다. 이때 그저 협의를 지켜보기만 하다가는 "자, 이 건은 당신이 진행해줄래요?"라고 잘 못하는 과제를 받을 수도 있다. 그렇게 되지 않으려면 내가 해야 할 과제를 먼저 선언하자. 미리 내 과제를 정해두면 남은 사람에게 다른 과제를 낼 수 있으며, 추가로 뭔가를 부탁 받아도 여력이 없다고 거절할 수도 있다. 내가 할 수 있는 일을 먼저 제안하기만 해도 귀찮은 업무는 안 맡으면서 주위의 인상도 좋아지니 일석이조인 방법이다.

| 내가 할 수 있는 과제를 먼저 제안 |

잘 못하는 업무나 바쁜데 대량의 작업을 떠맡게 되기 전에 내 과제를 회의 마지막에 먼저 선언하자.

A: 다음 스케줄을 정할까?

A: 자, 이 건을 부탁할게.

B: 네? 바쁜데…

C: 이 건은 제가 하겠습니다!

A: 저 친구는 대단해.

C: 이 건은 잘할 수 있으니까♪

누구인지 모르는 사람은
신용 받지 못한다

프레젠테이션을 할 때는 상대방이 불안해하지 않도록 지금 이야기하는 내가 어떤 사람인지 전달하도록 하자.

당신이 유명한 사람이라면 자기소개를 하지 않아도 듣는 사람은 주목할 것이다. 그러나 함께 일한 경험이 없는 경우에는 프레젠테이션의 내용이 아무리 좋아도 '말한 내용은 훌륭한데 괜찮을까?'라며 신용하지 않을 수도 있다. 이렇게 되지 않으려면 잘 모르는 사람에게 프레젠테이션을 할 때는 먼저 자기소개를 한다. 이럴 때의 자기소개는 상대방을 위해 무엇을 할 수 있는지 전달하는 나에 대한 프레젠테이션이라고 생각하자.

| 효과적인 자기소개법 |

아무리 설명을 잘해도 자기소개가 없는 프레젠테이션은 효과가

낮다.

> ㉖ 저희 회사의 시스템은 대기업에도 뒤지지 않는 기능을 갖고 있어서… / 확실히 훌륭하긴 한데 당신은 누구신지…

효과적으로 자기소개를 하려면 ①나는 어떤 사람이며 무엇을 잘하는지 ②상대방에게 어떤 것을 해줄 수 있는지 ③상대방과 무엇을 달성하고 싶은지 라는 3가지 포인트를 의식하자. ①은 당연히 해야 하며 ②를 전달하여 나와 함께할 가치가 있다는 점을 알게 하면, 프레젠테이션을 듣는 상대방의 진지함이 달라질 것이다. 거기에 ③을 전달하여 내 의욕과 책임감을 보여줄 수 있다.

| 자기소개로 전달해야 할 3가지 포인트 |

자기소개를 할 때 다음과 같은 3가지 포인트를 먼저 전달해두지 않으면, 상대방은 '속을지도…'라며 불필요한 의심을 품을 수 있다.

① 나는 어떤 사람이며 무엇을 잘하는가: 저는 A사 영업부의 N입니다. 시스템 관리 전문가입니다.
② 상대방에게 어떤 것을 해줄 수 있는가: 귀사의 시스템을 향상시킬 수 있습니다.

③ 상대방과의 관계에서 무엇을 하고 싶은가: 귀사의 작업 효율을 개선하는 일, 저에게 맡겨주십시오!

자기소개는 상대방의 불안을 제거하고 신뢰로 향하게 하는 행위다.

'좋은 점'과 '나쁜 점'을
결론 사이에 넣어 설명한다

좋은 점과 나쁜 점을 나누어 말하면 듣기 쉽고 이해하기도 쉬운 설명이 된다. 예를 들어 채용 면접에서 응시자 A를 평가한다고 하자. '업무 경험이 있는 점은 ○, 현재 다니는 회사를 그만두는 이유와 지원 동기가 애매한 점은 ×, 질문에 대한 대답이 명확하고 간결한 점은 ○, 성격이 다소 급해 보이는 점은 ×입니다'. 이 보고는 좋은 점과 나쁜 점이 섞여 있어서 평가를 내리기가 다소 애매하다. 이해하기 쉽게 설명하려면 좋은 점과 나쁜 점을 나누어 정리해야 한다.

| 좋은 점과 나쁜 점을 나누지 않으면 이해하기 어렵다 |

음, 좋은 점과 나쁜 점이 섞여 있어서 이해하기 어렵다.

㉄ 대답은 명확한데 성격이 다소 급하군, 실무 경험이 있는 건 좋은데 전직하려는 이유를 모르겠네.

설명하기 전에 좋은 점과 나쁜 점을 항목별로 나누어 메모하고, 그 앞뒤로 결론을 적어 좋은 점과 나쁜 점을 사이에 넣으면 이야기의 흐름이 완성된다. 그렇게 하면 어떤 근거로 이끌어낸 결론인지 전체를 한눈에 보며 확인할 수 있다. 이 메모를 바탕으로 설명하면 설득력이 늘어난다.

| 좋은 점과 나쁜 점을 결론 사이에 넣어 설명한다 |

메모에 좋은 점과 나쁜 점을 기록하고 그 앞뒤에 결론을 배치해보자. 다시 읽어보면 이야기의 흐름이 완성되어 수월하게 설명할 수 있을 것이다.

— 결론(앞): 1차 면접은 합격. 그러나 확인할 사항이 있다.
— 좋은 점: 업무 경험이 있다 / 질문에 대한 대답이 명확하고 간결
— 나쁜 점: 현재 다니는 회사를 그만두는 이유와 지원 동기가 애매 / 성질이 다소 급한 듯
— 결론(뒤): 결론적으로 1차 면접은 합격이지만, 다음 면접에서 문제점을 확인할 것

12 말해도 되는 것,
안 되는 것을 구분한다

내키는 대로 입 밖에 내어 지뢰를 밟기 전에 말하면 안 되는 정보를 파악해두자.

설명할 때 듣는 사람의 질문에 제대로 대답하지 못하면 상대방의 신뢰를 얻을 수 없다. 그 자리에서 대답할 수 있는 만큼의 최소한의 지식은 미리 알아두어야 한다. 아울러 말해야 할 것과 말하면 안 되는 것의 선을 그을 수 있는 사람이 프로로서 신뢰를 받는다. 자기 좋을 대로 말하는 사람은 그 자리에서는 흥미를 유발할지는 몰라도 결과적으로 신뢰를 얻지 못한다.

말해야 할 것과 말하면 안 되는 것의 기본 경계선은 ①기업 사이트에서 알 수 있는 사항은 질문하지 않는다 ②양보의 한계를 파악해둔다 ③상대방의 실수는 지적하지 않는다 ④말하면 안 되는 것을 모르겠으면 동행자에게 맡긴다 라는 4가지다.

이 기본 경계선을 파악해두면 상대방의 질문에 스스로 대응할 수 있게 되고 당신의 신뢰도도 높아질 것이다.

| 협의 전에 확인해둘 사항 |

협의에 나서기 전에 말해도 되는 것과 말하면 안 되는 것을 확인해 두면, 상대방의 질문에 문제없이 대응할 수 있다.

① 목표 설정 / 협의 목표를 설정한다.

② 협의의 흐름 / 이야기의 흐름을 예상한다.

③ FAQ(자주 하는 질문과 대답) / 준비해두면 걱정 없다.

④ 내 재량 범위를 파악한다 / 이 정도?

⑤ 상대방에 대한 기본 정보

| 말해서는 안 되는 것 |

기업 사이트를 보면 알 수 있는 기본 정보에 대한 질문 / 확인이 불필요한 상대방의 실수 / 재량을 넘어서는 판단

13 지뢰 문제는 가까이 하지 말라!

뒷이야기는 분위기를 띄울 수는 있지만 신뢰를 다지는 데는 역효과다.

불륜에 대한 소문이나 구조조정이 예정된 사람이나 기업의 속사정은 사람에 따라서는 흥미로워 할 소재다. 그런 뒷이야기를 많이 알면 '이런 내막까지 알고 있다니…'라며 재미있어 하는 사람도 있을지 모르나, 대부분의 경우에는 말해도 되는 것과 안 되는 것을 구별하지 못하는 준법 의무 의식이 낮은 인물로 여겨진다. 그런 정보가 도움이 되는 직업도 있을 수 있지만, 조직에 속한 평범한 회사원이라면 이런 속사정은 그다지 언급하지 않는 게 현명하다. 말하면 안 되는 것은 뒷이야기만이 아니다. 회사와 업계에 따라 금기는 다르다. 이런 것들은 대개 경험으로 익히게 되는데, 말해도 될지 안 될지 판단이 안 되는 동안에는 그 경계선을 알고 있는 상사나 선배에게 맡기는 편이 바람직하다.

▎ 지뢰 문제는 가까이 하지 말라! ▎

사내 불륜 / 구조조정 정보 / 사원의 개인 정보 / 회사의 재무 상황.

말은 화의 근원. 나도 모르게 입을 놀리지 않도록 주의하자.

14 오해를 부르는 표현, 구체적인 표현

　듣는 사람의 오해를 부르지 않으려면 애매한 표현을 피하고 구체적인 표현에 유념하자.

　예를 들어 '운치 있는 도자기'라는 말을 들었을 때 사람마다 연상하는 이미지가 다르다. 어떤 사람은 매우 소박한 밥공기를 떠올릴 수 있고, 어떤 사람은 채색된 꽃병을 떠올릴지도 모른다. 하지만 '북유럽 분위기의 그릇'이라고 하면 도자기를 좋아하는 사람은 어느 정도 실제에 가깝게 상상할 수 있다. 이처럼 표현에 구체성이 없으면 같은 말이라도 사람마다 떠올리는 이미지가 크게 달라진다. 예를 들어 "조금 더 싸게 해주시면 살게요"라는 말을 들었을 때, '조금 더'가 어느 정도인지는 사람마다 제각각이다. 하지만 "만 원 더 깎아주시면 살게요"라고 하면 얼마만큼 가격을 내려야 할지 공유할 수 있다. 이처럼 듣는 사람의 오해나 다양한 해석을 피하려면 구체적인 표현이 필요하다.

| 애매한 말은 오해를 부른다 |

● 오해를 부르는 표현

— 잠시 기다려주세요: 3분 정도인가…, 10분쯤이면 기다리지

● 구체적인 표현

— 5분 정도 기다려주세요: 5분이면 기다리자 / 서둘러야 하니 돌아갈까

'아주' '그럭저럭' '될까 말까' 등의 애매한 말투도 주의해야 한다.

역접은 소극적으로 사고하는 습관에서 온다. 머리가 좋은 사람일수록 역접을 잘 쓰지 않는다.

역접의 말인 '그런데'나 '하지만'은 설명에 서툰 사람이 자주 쓰는 소극적인 단어 중 하나다. '그런데'나 '하지만'을 사용한 설명은 그럴 의도가 아니어도 '하지 못하는 변명'처럼 들린다. 이왕에 설명을 한다면 '이렇게 하면' '그래서' '그렇다면' 등을 써서, "이렇게 하면 할 수 있다" "그렇다면 이렇게 하고 싶다"라고 순접으로 말하자. 순접을 사용하면 가능하게 하려는 대안을 제시한다는 뉘앙스가 강해진다. 거래처나 상사에게 의욕 있는 사람으로 인정받고 싶을 때는 순접으로 긍정적인 설명을 하도록 하자. 또한 '뭐'도 사람들이 싫어하는 애매한 말이다. "뭐, 그런 셈이죠" "뭐, 좋을 것 같습니다"와 같은 말은 하지 않도록 하자.

| '그런데' '하지만'을 삼가면 긍정적인 인상으로 |

'그런데' '하지만' 등의 역접을 쓰지 않고 순접으로 말하기만 해도 듣는 사람이 받는 인상은 완전히 달라진다.

● 역접을 사용한 경우

— 현재, S사와 교섭중입니다. 그런데 담당자가 너무 바빠서 암초에 걸린 상황입니다: 담당자 탓을 하네. 자기가 태만한 거 아닌가?

● 순접을 사용한 경우

— 현재, S사와 교섭중입니다. 그래서 담당자와 협의 일시를 조정중입니다: 제대로 하고 있는데 난항인가보군.

키워드는
기대감, 의외성,
그리고 실현성

상대를 솔깃하게 하는
프레젠테이션에는
공식이 있다.

MEMO

좋은 프레젠테이션의 조건

프레젠테이션의 성공 여부는 준비하기에 달려 있다. '듣는 사람'의 니즈에 들어맞는 내용이 채택되어 다음 업무로 이어진다.

프레젠테이션은 다른 누구도 아닌 '듣는 사람을 위해 하는 것'이다. 따라서 듣는 사람이 알고 싶어 하는 내용을 이야기해야 한다. 이를 위해서는 꼼꼼한 준비가 필요하다. 프레젠테이션의 준비는 우선 상대방을 아는 것에서 시작된다. 상대방 회사에 대한 내용과 현재 상황은 물론 이념과 비전, 안고 있는 문제점 등을 이해하여 프레젠테이션 자료를 다듬고 또 다듬는다.

| 철저한 준비가 프레젠테이션을 지배한다 |

좋은 프레젠테이션을 하려면 적어도 다음과 같은 준비가 필요하다.

① 관련 주제에 대한 책을 여러 권 읽어둔다: 스스로 충분하다고 여길 때까지 읽고 이해하자.

② 제안할 회사의 홈페이지를 철저히 체크: 상대방을 알려면 소개된 기사도 체크하자!

③ 직전까지 원고를 수정하고 말하기 연습을 반복한다: 실제 상황을 가정하여 시간도 재며 연습하자.

프레젠테이션은 여러 회사를 공모하여 경쟁시키는 방식일 때가 많다. 그 중에서 선택을 받으려면 프레젠테이션의 내용이 빼어나야 한다. 그러려면 꼼꼼한 준비뿐 아니라 제3자의 객관적인 판단도 필요하다. 그때 ①논리적인가 ②이해하기 쉬운가 ③체크 포인트를 해결했는가 ④상대방이 기뻐할 제안인가를 주의 깊게 봐달라고 하자.

| 좋은 프레젠테이션의 조건 |

프레젠테이션은 단순히 '제안을 정리하여 상대방에게 전달하는 것'이 아니다. 좋은 프레젠테이션을 하려면 다음과 같은 준비가 중요하다.

① 상대방이 듣고 싶어 하는 내용을 말한다: 이런 제안을 원했겠지.

② '다음'을 설정해둔다: 이 제안은 앞으로 어떻게 전개될지 기대된다!

③ 다른 프레젠테이션과 비교하여 두드러지게 준비한다: 남보다 뛰어나서 신뢰를 받을 수 있게 준비하자!

좋은 프레젠테이션을 할 수 있는 사람에게는 다른 기회도 주어진다.

02 파워포인트는
주연이 아니라 수단

이해하기 쉽게 요점을 전달하는 파워포인트는 편리한 수단이지만, 지나치게 의존하면 역효과를 부를 때도 있다.

파워포인트는 매력적인 수단이다. 보기에 임팩트가 있는 것은 물론 다양한 효과를 줄 수 있어서, 조금 익숙해지면 여러 기능을 써보고 싶어진다. 하지만 그런 효과는 프레젠테이션의 본래 내용과 별로 관계가 없다. 오히려 그 때문에 말하고 싶은 내용이 정확히 전해지지 않거나 쓸데없이 작업 시간을 잡아먹을 때도 많다.

| 파워포인트는 알기 쉽게 심플하게 |

파워포인트는 간단히 만들 수 있는 만큼 쓸데없는 정보가 늘어나기 쉬워서 결론을 질질 끌 위험이 있다는 점을 알아두자.

① 한 장에 하나의 메시지를 담는다.

② 새로운 정보·의외인 정보를 넣는다.

③ 텍스트는 읽고 이해할 수 있는 크기·길이로

④ 메모를 적을 수 있는 여백을 둔다.

지금까지 겉보기에 신경을 써서 쓸데없이 시간을 들였는지도 모른다.

파워포인트를 만들기 시작할 때 바로 소프트웨어를 가동하는 사람이 많을 것이다. 하지만 효율적으로 작성하려면 우선은 프레젠테이션의 스토리를 구성하여 종이에 쓰고, 그것을 토대로 아이디어를 짜는 방법이 바람직하다. 이를 상사에게 점검받은 뒤에 파워포인트를 만들면 낭비가 없다. 겉모양을 그럴듯하게 장식하는 기술적인 부분은 잘하는 사람에게 맡겨도 된다.

| 효율적인 파워포인트 자료를 만들려면? |

① 어떻게 구성할지를 종이에 쓴다: PC로 아이디어를 짜는 것보다 이렇게 하니 몇 배나 빠르다!

② 상사나 동료에게 점검을 받는다: 아직 손으로 쓴 단계니까 수정할 부분이 생겨도 손실이 적다.

③ 파워포인트로 작성한다: 겉모양보다 내용으로 승부!

ONE POINT 어드바이스 ···

문자의 크기나 톤을 맞추고 페이지마다 분위기를 통일하는 등의 기본도 중요
하지만, 가장 중요한 점은 파워포인트의 '겉모양'이 아니라 '내용'이다.

···

03 프레젠테이션은
5종류로 나눌 수 있다

프레젠테이션은 듣는 사람에게 무엇을 바라는지에 따라 5종류로 나뉜다.

프레젠테이션은 '듣는 사람에게 무엇을 바라는가'에 따라 그 내용에 차이가 생긴다. 크게 나누면 상품이나 서비스 등을 '구입해 달라'는 것, 사람이나 시스템 등을 '채용(도입)해 달라'는 것, 활동이나 모금 등에 '협력(찬성)해 달라'는 것, 현재 상황이나 방침 등을 '이해해 달라'는 것, 회사나 조직 등에 '흥미(좋은 인상)를 가져달라'는 것의 5가지다.

5가지 프레젠테이션은 늘 명확히 나뉘는 것이 아니라 여러 가지가 섞여 있을 때도 있다. 또한 이 분류와는 별도로 회사 내부용(기획·프로젝트 등)과 회사 외부용(영업·투자 요청 등)이라는 차이도 있다. 어쨌든 프레젠테이션은 완료했다고 끝나는 것이 아니라 다음으로 이어져야 성공이라 할 수 있다.

| 프레젠테이션은 5종류로 나눌 수 있다 |

① 구입을 바라는 프레젠테이션: 상품이나 서비스 영업 등
② 채용 / 도입을 바라는 프레젠테이션: 인사 채용, 기획, IT 시스템, 직장 개선안 등
③ 협력을 바라는 프레젠테이션: 모금, 서명, 계몽, 계발 활동, 자원봉사 모집 등
④ 이해를 바라는 프레젠테이션: 상품 소개, 방침 발표, 세미나, 강연, 현재 상황 보고 등
⑤ 흥미를 끌고 좋은 인상을 주기 위한 프레젠테이션: 회사 소개, 회사 설명회 등

어떤 프레젠테이션이든 '말하고 그것으로 끝'이 아니라 다음으로 이어간다는 목적을 갖고 있다.

04 나에게 요구되는 '역할'을 알려면?

듣는 사람인 클라이언트의 니즈에 대응하기 위해 내가 해야 할 역할을 생각하자.

프레젠테이션에서는 듣는 사람이 그 필요성을 이해하고 납득하게 하는 것이 가장 중요하다. 그러려면 듣는 사람에 대해 잘 알아야 한다. 그 사람이 어떤 상황에 있고 무엇을 원하는지를 알아서 그에 들어맞는 내용을 제안할 필요가 있다. 그때 듣는 사람에게 '내가 어떤 역할을 담당하는지'를 명확히 하면 다음으로 이어지는 길이 열린다.

| 상대방의 니즈에 대응하는 프레젠테이션 순서 |

① 클라이언트의 상황과 니즈를 파악한다: 이 분야에서 점유율

을 늘리기를 원하고 있군.

② 내게 요구되는 역할을 안다: 이 업무라면 우리 실적과 노하우를 그대로 살릴 수 있겠어.

③ 가설을 세워 시나리오를 준비한다: 이 금액과 속도면 경쟁사가 맞서지 못하겠지.

④ 프레젠테이션에서 '어떤 역할을 할 수 있는지'를 제시: 저희의 이 경험이 반드시 다음번 성공에 공헌할 수 있다고 확신합니다.

듣는 사람에게 '나는 무엇을 할 수 있는가'를 전달하려면 우선 내 배경을 재점검하자. 다음으로 그 업무에서 내가 담당해야 할 역할을 파악하고 그 책임을 자각해야 한다. 만약 나에게 기대하는 바가 확실치 않다면, 클라이언트와의 일상대화 속에서 넌지시 속을 떠보며 내가 맡아야 할 역할을 찾자.

| 나에게 요구되는 '역할'을 알려면? |

내 역할을 제대로 알면 프레젠테이션의 설득력이 늘어나고 듣는 사람의 신뢰감도 높아진다.

① 내가 잘하는 분야를 재점검한다: 먼저 '왜 나에게 프레젠테이션을 하는 역할'이 주어졌는지 생각하자.

예 그 업무가 좋은 평가를 받아서? / 그 분야에 실적이 있어서? /

나라면 저 영역을 개선할 수 있겠어.

② 담당할 분야에 책임을 갖는다: 내가 프로젝트의 어떤 부분을 담당하는지 확실히 의식하자.

㉚ 이 분야에서는 저 이상의 적임자는 없습니다 / 이 사람이라면 안심하고 맡길 수 있겠군…

③ 클라이언트의 속을 떠본다: 니즈가 명확하지 않더라도 대화를 하다가 '이런 역할이 필요하다'는 반응을 얻을 수도

㉚ 이 사업은 좀 더 중심을 강화하는 방법이 있을 듯합니다 / 그렇군…. 누가 무엇을 하면 보강할 수 있을까.

프레젠테이션의 채택 여부는 내용의 우열보다 클라이언트의 니즈에 부합하느냐가 우선시된다.

05 키워드는 '의외성'

아무리 내용이 좋은 프레젠테이션도 '듣는 사람'이 흥미를 갖지 않으면 소용없다.

듣는 사람은 프레젠테이션을 받을 때 상당한 기대를 갖는다. 물론 내용의 충실함이 중요하지만, 그 이전에 우선 말하는 사람이 듣는 사람을 이야기에 끌어들여야 한다. 방송국에서 개그 프로그램을 시작하기 전에 방청객의 반응을 띄우기 위해 방송에는 나가지 않지만 재밌는 만담을 미리 하는 것이나, 유능한 작가일수록 프롤로그에 엄청난 공력을 들이는 것같이 프레젠테이션에서는 말하는 사람에게 주목할 수밖에 없는 확실한 초반 임팩트가 없으면 프레젠테이션의 효과를 높일 수 없다. 프레젠테이션에서는 의외성이 그 역할을 한다.

| 듣는 사람의 흥미를 끄는 것은 의외성 |

업무를 진행하는 데 있어 아무리 중요한 정보여도 상대방이 애초에 알고 있는 정보는 흥미를 끌지 못한다.

㉠ 놀라지 말고 들으세요… 실은 지구는 둥급니다 / 뭐야? 그 정보…

프레젠테이션에서는 본 주제에 들어가기에 앞서 전제가 되는 이야기를 할 때가 있다. 그때 당연한 말만 계속하면 듣는 사람이 질려버리므로, 우선은 새로운 정보를 제공하여 흥미를 끄는 것이 중요하다. 상대방이 모르는 정보를 사전에 조사하여 "이제부터 중요한 정보를 이야기한다"는 식으로 주목하게끔 서두를 꺼내면, 프레젠테이션 초반에 임팩트를 줄 수 있다.

| 의외성을 가져오는 3가지 포인트 |

① 상대방이 모르는 정보를 제공한다: 상대방의 흥미를 끄는 가장 효과적인 방법이다. 다만 확실히 '상대방이 모르는' 정보를 얻으려면 많은 조사가 필요하다. 상대방도 관심이 있는 정보, 상대방에게 이익을 가져다주는 정보 등

② 서두에서 "중요한 정보가 있다"고 전달한다: 다만 이렇게 '서

두'를 꺼냈는데 실은 상대방이 아는 정보여서 실망을 주거나 불신을 초래할 수도 있으므로 주의해야 한다.

③ 복장이나 말투로 신뢰성을 어필한다: 복장이 단정치 못하거나 말투가 거친 사람이 "중요한 정보가 있습니다"라는 말을 한들 듣는 사람은 설득력을 느끼지 못한다.

06 프레젠테이션 향상의 지름길

　프레젠테이션 기술을 닦으려면 잘하는 사람이 하는 방식을 배우는 것도 하나의 방법이다.

　프레젠테이션 기술을 익히는 데 가장 효율적인 방법은 '남을 모방하기', 즉 모델링이다. 말하는 내용, 순서, 말투, 표정, 틈을 두는 법 등 프레젠테이션을 잘하기 위한 요령은 수없이 많다. 게다가 사람의 성격이나 직업, 입장에 따라서도 기교가 달라지므로 이 모든 요소를 몸에 익히려면 한도 끝도 없다. 따라서 내가 모델로 삼아야 할 사람을 모방하는 것이 지름길이다. 왜 그 사람이 프레젠테이션을 잘한다고 느껴지는지, 내가 실수한 상황을 그 사람은 어떻게 돌파해나가는지를 관찰하고 분석하자. 많은 이들의 프레젠테이션을 관찰하여 좋은 부분이나 내가 응용할 수 있는 부분만 참고해도 좋다.

| 남을 모방하기가 프레젠테이션 향상의 지름길 |

프레젠테이션을 잘하는 사람이 가까이에 있다면, '잘한다'고 여겨

지는 부분을 여러 각도에서 분석하여 모방해보자.

㉠ 단어 선택에 신경을 쓰는구나 / 논리적이어서 무척 이해하기

쉽다 / 마음이 담겨 있으니 설득력이 있네 / 이럴 때는 저렇게 헤

쳐나가는구나 / 말하는 순서에 따라 인상이 이렇게 달라지는구

나…

07 클라이언트로부터
필요한 정보를 얻으려면

클라이언트로부터 필요한 정보를 얻으려면 상대방이 말하기 편한 분위기를 만드는 것이 중요하다.

프레젠테이션을 준비하기 위해 이야기를 들을 때, 상대방의 이야기를 정리하여 "말씀하시는 내용이 즉 ○○인 거죠?"라고 잘 요약하여 반복하면, '이야기를 제대로 이해했다'는 사실이 상대방에게 전해진다. 또한 상대방이 말하는 동안 적절하게 맞장구를 치면, 말하기 편한 '분위기'를 만들 수 있다. 그냥 맞장구를 치는 것이 아니라, 이야기의 내용에 맞추어 '흥미를 보인다' '칭찬한다' '감탄한다' '이야기를 재촉한다' '공감한다' 등 다채롭게 변주하면 효과적이다. 아울러 상대방에게 다양한 정보를 제공하고 거기에 대한 반응을 보며 질문하는 기술을 쓰면, 상대방의 속마음이나 바라는 바를 끌어낼 수 있다. 이런 방법들이 부드러운 '분위기' 연출로 이어진다.

| 상대방의 이야기를 이끌어내는 '맞장구'의 변화 |

— 흥미를 나타낸다: 재미있는 이야기네요.

— 공감한다: 정말 말씀하신 대로네요.

— 감탄한다: 그건 몰랐습니다.

— 칭찬한다: 역시 ○○씨는 달라요.

— 이야기를 재촉한다: 그래서 어떻게 됐습니까?

특히 1대1로 협의할 때는 이런 맞장구를 잘 가려 써서 상대방이 기분 좋게 말하게 하는 것도 중요하다.

08 듣는 사람을 진지하게 만드는 요령

듣는 사람이 처음부터 흥미를 갖지 않을 수도 있으므로 상대방과 프레젠테이션의 연관성을 어필한다.

듣는 사람이 프레젠테이션에 흥미를 보이지 않을 때는 주로 ①이야기가 정리되어 있지 않아 이해가 안 된다 ②너무 뻔한 정보다 ③자신과는 관계없다고 여길 때가 많다. 특히 듣는 사람이 '나와 관계없다'고 생각할 때는 상대방과 연관이 있는 정보를 가장 먼저 제시하여 흥미를 갖게 해야 한다.

| 듣는 사람이 흥미를 갖지 않는 3가지 이유 |

① 이해할 수 없다: 시간 순서나 배경 정보 등 이야기가 정리되어 있지 않다.

② 정보가 너무 뻔하다: 사전 준비나 조사가 부족하다.

③ 자신과는 관계없다(고 생각한다): '듣는 사람과 관계가 있다'는 어필이 부족.

　프레젠테이션의 내용이 듣는 사람에게 '언제 관계가 있는지' '어떤 영향이 있는지'라는 정보는 강한 임팩트를 주기 때문에 흥미를 끌 수 있다. 또한 직접 관련이 없는 사람이 프레젠테이션을 듣는 경우에는 협력의 중요성, 업무 개선과의 연관성 등을 구체적으로 어필한다. 그렇게 하면 프레젠테이션의 내용을 자기 일처럼 느끼게 할 수 있다.

| 듣는 사람을 진지하게 만들려면? |

① 언제 관계가 있는지, 어떤 영향이 있는지를 전달한다: '언제' 관계가 있는지 '어떤' 영향이 있는지를 전달하여 설명 내용과 듣는 사람의 연관성을 구체적으로 상상하게 하자.

② '협력이 필요하다'는 메시지를 전달한다: 다양한 입장인 사람들에게 "이 효과를 얻으려면 모두 ○○해주셔야 한다"고 연관성을 강조하자.

③ 상대방에 맞게 '연관성'을 준비한다: 듣는 사람들을 사전 조사하여 각각에 맞추어 설명 내용과의 연관성을 준비해두자.

상대방을 프레젠테이션에 끌어들이기 위해서는 색다름과 뉴스성을 강조하자.

프레젠테이션을 직접 듣는 사람은 거래처의 담당자인 경우가 대부분이다. 최종 채택 여부는 그 담당자가 회사 내에서 다시 설명하는 절차를 밟은 뒤 결정된다. 이럴 때 프레젠테이션의 내용이 색다르면 유리하다. '최초' '이례적' '가장 많이' 등의 말로 뉴스성을 어필하면 듣는 사람에게 강한 인상을 남길 수 있다.

| '듣는 사람이 사내에서 어떻게 설명할지'를 예상한다 |

— 귀사의 □□의 노하우를 활용한 기획입니다: 확실히 □□와

동일한 방법으로 할 수 있겠어….

— 이건 ○○라는 기획인데, 이 회사에서는 □□도 다루고 있습니다: 호오. □□를 했단 말이지….

거래처 담당자에게 하는 프레젠테이션은 상대방이 사내에서 어떻게 설명할지를 예상하여 제안해야 한다.

프레젠테이션의 내용에 따라서는 특별히 색다른 것이 없을 때도 있다. 이럴 때는 '국내 최고에 도전한다' 등 새로운 테마를 설정하는 것도 효과적이다. 이런 뉴스는 아이디어와 마찬가지로 작위적으로 만드는 데서 출발한다. 그 뉴스가 듣는 사람에게 '기대감'을 주며 듣고 싶은 의욕을 자극한다.

| 듣는 사람을 진지하게 만들려면? |

● 뉴스성을 강조하는 3가지 말

① 최초: 부록이 있는 브랜드 무크지는 많지만, 이 브랜드와의 협업은 최초입니다.

② 이례적: 이 정도 스펙의 상품을 이 가격으로 판매하는 건 이례적입니다.

③ 가장 많이: 이 상품이 40대 남성이 가장 많이 마시는 캔 커피입니다.

● 뉴스는 '만드는 것'

　때마침 뉴스가 생기는 경우는 드물다. 그럴 때는 화제를 '스스로 만들어내는 것'도 중요하다. 화제가 될 만한 관점을 생각해 뉴스를 만들자. 새로운 것에는 반드시 반대 의견이 나오기 마련인데, 그 자체가 화제성이 되므로 긍정적으로 받아들이는 것이 중요하다.

10 클라이언트들이 바라는 것과 바라지 않는 것

클라이언트에게는 프레젠테이션을 평가하는 기준이 있으므로, 사전에 그 기준을 파악해두는 것이 중요하다.

프레젠테이션을 받는 클라이언트는 어떤 과제나 문제를 안고 있다. 따라서 그 과제나 문제를 해결해줄 제안을 채택하기 위해 자신들이 '바라는 것'과 '바라지 않는 것'이라는 기준을 이미 갖고 있다. 이를 사전에 파악하여 양쪽을 다 해결하는 제안을 하면, 당신의 제안은 실현성이 훨씬 높아진다. 그러기 위해서는 사전 조사가 중요하다. 그런데 상대방에게 물어보면 '어떻게 하면 좋을지'라는 'OK 포인트'는 적극적으로 이야기해주지만, 부정적인 정보인 'NG 포인트'는 좀처럼 말해주지 않는다. 이런 NG 포인트는 질문을 바꾸면서 넌지시 알아보자.

| 사전 조사의 순서 |

①의뢰가 왔을 때 지금까지의 불만을 알아낸다.

㉎ 지금까지 만든 제품에는 어떤 불만이 있습니까? / 제품 자체는 문제가 없는데 원가가 높아서….

클라이언트가 새로운 기획을 요구하는 이유는 뭔가 불만이 있기 때문이다. 그 불만을 알아내자.

② OK 리스트와 NG 리스트를 작성한다.

― 이것을 충족하면 OK

•예정된 예산으로 할 수 있는가? •화제가 될 것 같은가?

•납기를 지킬 수 있는가? •관련법에 저촉되지 않는가? 등

― 이것이 있으면 NG

•브랜드 이미지 훼손 •원가율 초과 •효과 측정이 어렵다

•화제성을 발견할 수 없다 등

상대방이 평가하는 OK 포인트뿐 아니라 안 된다고 판단하는 NG 포인트도 리스트로 만들자.

들는 사람의 이해도를
높이는 '틈'

'듣는 사람'이 내용을 이해하게 하려면 상대방이 주체적으로
생각하기 위한 '틈'이 중요하다.

프레젠테이션을 할 때 말하는 사람이 대량의 정보를 쉬지
않고 계속 이야기하면 듣는 사람에게 메시지를 전달하기 어렵
다. 듣는 사람은 이야기를 들으며 생각을 하거나 의견을 가지
면서 내용을 더 깊이 인식하기 때문이다. 따라서 이야기의 '틈'
이 중요하다. 듣는 사람이 머릿속에서 구체적으로 이미지를 그
리게 하기 위해서는 빠른 말로 설명하면 역효과를 부른다. 적
당한 속도로 이야기하다가 마침표나 쉼표로 일단 이야기를 멈
추고 주위를 둘러보며 듣는 사람의 반응을 확인할 정도의 '틈'
을 두어야 잘 전해진다. 그렇게 하면 듣는 사람이 프레젠테이
션의 내용을 머릿속에서 정리할 시간이 생기고, 말하는 사람도

그 자리에서 내용을 조정할 여유가 생긴다.

| 설명할 때 '틈'을 두는 포인트 |

① 쉼표에 한 호흡, 마침표에 두 호흡을 의식한다: 말이 빨라지지 않게 '쉼표'나 '마침표'를 써서 의식적으로 틈을 두자.

② 중요한 포인트에서는 '틈'을 길게 둔다: 정보의 중요도에 따라 틈의 길이를 조절하면 베스트. 중요한 지점에서는 일단 말을 멈추고 듣는 사람의 반응을 확인하자.

③ 듣는 사람이 '질문할 시간'을 마련한다: 여기까지 질문 있으세요? 질문은 듣는 사람이 수동적인 입장에서 주체적으로 알려는 입장으로 바뀌었다는 의미다.

12 '반복'의 3가지 타이밍

　중요한 내용을 전달할 때는 정해진 말을 반복하면 상대방의 기억에 잘 남는다.

　상대방의 입장을 고려하여 면밀히 구성한 프레젠테이션이라도 내용을 전부 이해시키기는 어려운 법이다. 그 중에서도 '중요한 부분'이 상대방에게 전해지지 않을 때도 많다. 만약 듣는 사람이 중요한 부분을 인식하지 못했다면, 그 부분을 반복하여 전달해야 한다. 그럴 때 효과적인 것이 되풀이다. 반복하면 상대방의 기억에 잘 남는다.

| 중요한 내용은 반복한다 |

　㉖ 이 프레젠테이션의 핵심 개념이니 다시 한 번 말하겠습니

다. / 여기가 중요한가. 잘 들어두자.

ONE POINT 어드바이스 ···

아무리 원고를 잘 구성했어도 상대방이 이해하지 못할 때가 있다. 그 이유는
상대방이 '중요한 내용'을 '중요하다'고 인식하지 못했기 때문이다. 그럴 때는
'중요한 내용'을 반복하자.
반복하는 타이밍에는 3가지가 있다. 첫 번째는 상대방의 기억에 남기고 싶은
키워드가 나왔을 때다. 두 번째는 상대방이 질문을 하여 내용을 확인할 때다.
이때 듣는 사람의 기억은 아직 애매한 상태이므로 처음부터 설명하듯이 세심
하게 반복해야 한다. 세 번째는 마지막으로 요약할 때다. 이야기를 요약하면
더 선명하게 인상에 남는다.

···

① 키워드가 나왔을 때

㉠ 중요한 포인트니까 다시 한 번 말하겠습니다.

키워드를 반복하기 전에 위와 같이 서두를 꺼내면 더욱 효과적

이다.

② 듣는 사람이 질문했을 때

㉠ 정말 반값인가요? / 네, 틀림없이 반값입니다.

듣는 사람이 위와 같이 확인하는 질문을 했을 때 "아까 말씀드린

대로입니다"라고 하지 말고, 상대방이 확인하고 싶어 하는 내용

을 반복하자.

③ 마지막에 요약할 때

㉠ 마지막으로 오늘 한 이야기의 포인트와 키워드를 간단히

되짚어보겠습니다.

프레젠테이션의 마지막에 '어떤 이야기를 했는지' 전체를 요약하면 듣는 사람의 이해도가 훨씬 높아진다.

**클라인언트가
당신을 의지하게 하는 법**

프레젠테이션에 부가 가치가 있는 정보를 더하면 '믿을 만한 전문가'로서 신뢰를 얻는다.

사외 프레젠테이션은 클라이언트 담당자를 상대로 이루어지는데, 그 담당자가 자기 회사에서 다시 사내 프레젠테이션을 한 뒤 최종적으로 채택 여부가 정해진다. 따라서 프레젠테이션을 할 때는 내용의 정밀도를 높일 뿐 아니라 함께 일하면 어떤 점이 좋은지를 보여주는 것이 중요하다. 또한 전문가로서 의지할 만한 존재임을 어필하는 것도 중요하다.

| 듣는 사람에게 '메리트'를 느끼게 하는 2가지 포인트 |
클라이언트 담당자는 자기가 모르는 것을 알려주거나 번거로운 일을 도와줄 상대라고 생각하면 당신에게 의지하게 된다.

① '함께하면 득이 되는 상대'라고 느끼게 한다.

㉠ 필요한 정보나 자료가 있으면 준비할 테니 뭐든 말씀해주세요. / 이 사람과 함께하면 사내 프레젠테이션도 수월하게 통과하겠군.

② '전문가로서 중요한 파트너'라고 느끼게 한다.

㉠ 저희 전문 영역이니까 데이터나 아이디어를 얼마든지 제공할 수 있습니다. / 이 사람과 함께하면 어려운 상황이 생겨도 잘 진행할 수 있겠어.

클라이언트의 기대에 부응하기만 해서는 경쟁 상대를 이길 수 있을지 알 수 없다. 따라서 프레젠테이션의 내용에는 듣는 사람이 모르는 정보나 데이터 등 부가 가치를 담아야 한다. 그렇게 하여 상대방으로 하여금 우리와 적극적으로 관계를 맺으면 더 좋은 제안을 받게 된다고 느끼게 하는 것이다. 프레젠테이션이 확실히 채택되려면 이 '부가 가치'를 늘 염두에 두자.

| '부가 가치'가 될 정보를 모으는 방법 |

① 클라이언트 담당자에게 질문

㉠ 기획을 좀 더 향상시킬 포인트는? / 경쟁자와 비교하는 포인트는?

② 클라이언트 담당자의 대답에 따라 기획을 다듬는다.

㉾ 충고를 바탕으로 더 좋은 기획이 완성될 것 같아. 하지만 이것만으로는 충분치 않다.

③ 상대방이 모르는 플러스α의 부가 가치를 담는다.

상대방이 모르는 정보·데이터·사실·노하우 등을 담아 내 전문성을 어필하자.

14 상대방의 '오감'에 호소하는 전달 방식의 예

파워포인트는 편리한 수단이지만 거기에 의존하지 말고 생동감을 살린 프레젠테이션을 하는 것이 중요하다. 파워포인트는 프레젠테이션의 대표적인 수단이지만, 어디까지나 이야기를 보완하는 역할에 지나지 않는다. 상대방이 집중하여 듣게 하려면 오히려 파워포인트의 슬라이드 자료를 쓰지 않고, 실물이나 영상 등 다른 수단을 조합하여 듣는 이에게 구체적인 이미지를 갖게 하면 기억에 남는 프레젠테이션을 할 수 있다.

| 파워포인트 없이도 프레젠테이션은 할 수 있다 |

프레젠테이션은 파워포인트로 만든 자료를 토대로 이야기하는 것이 아니다. 파워포인트 자료로만 설명하면 듣는 사람은

색다름을 못 느껴서 따분해 할 수도 있다. 듣는 사람이 흥미를 갖게 하려면 오감에 호소하는 프레젠테이션이 효과적이다. 파워포인트를 사용한 프레젠테이션은 시각과 청각에만 작용하지만, '실물을 보여준다' '실제로 듣게 한다' '맛보게 한다' '냄새를 맡게 한다' '만지게 한다' '체험하게 한다' 등 생동감이 느껴지는 연출을 하면, 상대방은 보다 구체적으로 이미지를 그릴 수 있을 뿐 아니라 능동적으로 프레젠테이션에 참가한 기분을 느낀다.

| 상대방의 '오감'에 호소하는 전달 방식의 예 |

다음과 같이 오감에 호소하는 프레젠테이션으로 듣는 사람이 느끼는 이미지를 구체화하면, 상대방도 신뢰를 갖고 판단하게 된다.

① 시각에 호소한다.

예 그러면 실물을 보시겠습니다.

② 청각에 호소한다.

예 시청할 수 있으니 한 번 들어 보세요.

③ 촉각에 호소한다.

예 실제로 만져 보세요.

④ 미각에 호소한다.

예 먹고 비교해 보세요. 차이를 아실 겁니다.

⑤ 후각에 호소한다.

㉠ 전에 없던 깊은 향기가 납니다.

⑥ 체험(참가)하게 한다.

㉠ 자, 단상에 올라와 실제로 체험해 보세요.

15 문제를 일으키지 않기 위해 알려야 할 것

채택된 안건을 원활히 진행하려면 프레젠테이션 단계부터 필요한 정보를 밝히자.

프레젠테이션을 할 때는 말하는 정보에 거짓이 있어서는 안 된다. '거짓말을 안 하면 된다'는 뜻이 아니다. 상대방이 알아야 할 중요한 사실을 전달하지 않는 것도 거짓말을 하는 것과 마찬가지로 문제가 된다. 깜빡 잊고(혹은 중요하다고 여기지 않아) 전달하지 않았더라도 상대방은 당신을 '불성실'하다고 생각할 것이다. 그렇게 되면 모처럼 통과한 안건도 제대로 진행되지 못한다. '무엇이 전달해야 할 중요한 정보인지'를 사전에 전부 파악하기는 어렵지만, 적어도 필요한 정보를 숨기지 않고 받은 질문에 성실히 대답하는 자세를 견지하여 예상 질문에 답할 수 있도록 준비해야 한다.

| 문제를 일으키지 않기 위한 기본자세 |

① 사실을 숨기지 않는다.

㉾ 그것에 관해서는 이게 최신 정보입니다.

② 질문을 받으면 성실히 대답한다.

㉾ 올해 데이터는 집계중입니다만 작년까지는 이대로입니다.

③ 중요 사항은 자료로 정리한다.

㉾ 질문이 있으리라고 생각해 설명 자료를 준비했습니다.

어떻게 하면 중요한 정보를 잘 전달할 수 있는가는 어려운 문제지만, 위의 3가지 포인트를 항상 기본자세로 의식하자.

16 프레젠테이션의
3가지 최종 관문

　프레젠테이션의 핵심 키워드는 진정성, 신뢰성, 실현성이다.

　프레젠테이션은 기획이나 제안 내용의 우열뿐 아니라 최종적으로 다음의 3가지 관문을 거치면서 채택 여부가 결정된다.

　프레젠테이션의 채택 여부는 완성도만으로 정해지는 것은 아니다. 특히 투자액이 크거나 관계되는 곳이 많은 사안은 다양한 각도에서 세세한 점검이 이루어진다. 기획이나 제안을 결재하는 사람이 최종적으로 판단하는 포인트는 주로 3가지다. 첫 번째는 진정성이다. 열의를 갖고 끝까지 해낼 힘이 있는지 없는지를 확인한다. 두 번째는 신뢰성이다. 제안자의 말투나 데이터의 객관성, 주위의 협력 체제 등으로 상대방이 할 수 있을지 여부를 판단한다. 세 번째는 실현성이다. 아무리 멋진 제안이라도 그림의 떡이면 소용없다. 프레젠테이션 내용의 구체

적인 근거나 실시 계획 등을 들어보고 실현 가능성과 성과를
따져본 뒤 판단을 내린다.

| 프레젠테이션의 '핵심키워드' |

① 제안에 대한 진정성

㈎ 음, 열의가 있네. 제대로 할 것 같다.

② 제안자의 신뢰성

㈎ 말투도 데이터도 면밀하고 협력 체제도 나무랄 데 없군.

③ 계획의 실현성

㈎ 구체성과 계획성은 모자람이 없는데, 예산이 좀 빠듯하려
나….

17 열의를 느끼게 하는
3가지 포인트

클라이언트가 프레젠테이션의 내용에 만족하면, 다음은 실행력을 증명하는 진정성이 시험대에 오른다.

프레젠테이션으로 아무리 훌륭한 제안을 했어도 실행자에게 의욕이 없으면 성공하지 못한다. 따라서 클라이언트는 프레젠테이션을 한 사람이 그 계획을 끈기 있게 충분히 실행할 만한 열의를 갖고 있는지 확인하기 위해 준비 내용, 상황에 대한 이해도, 전망 등을 묻는다. 만약 당신에게 진정성이 있다면 이들 질문에 막힘없이 답할 수 있을 것이다.

| 진정성은 상대방에게 전해진다 |

'하고 싶어서 하는지' 아니면 '일이니까 할 수 없어서 하는지'는 상대방에게 분명하게 전해진다.

질문: 어떤 준비를 했습니까? / 그 점에 대해서는 어떻게 생각해요? / 앞으로 어떻게 해나갈 예정입니까?

답: 음, 그 부분은 앞으로 사내에서 협의하겠습니다….

상대방의 질문에 대해 '준비하지 못했다' '알아보지 않았다' '어떻게 공헌할지 알 수 없다'고 대답한다면 의욕이 없다는 평가를 받아도 어쩔 수 없다

상대방에게 열의를 전하려면 철저한 준비가 필요하다. 진정성은 다음의 3가지 포인트로 상대방에게 전해진다. 첫 번째는 흠뻑 빠지는 것이다. 진심으로 집중하면 사람은 거기에 푹 빠진다. 두 번째는 굳이 하는 것이다. 평소라면 하지 않을 일을 굳이 해본다. 세 번째는 스스로 하는 것이다. 누군가가 하라고 해서가 아니라 스스로 솔선하여 움직이다.

| 열의를 느끼게 하는 3가지 포인트 |

사람은 '진심으로 하고 싶다'고 생각할 때는 '그렇게까지 하느냐'고 여겨질 만큼 할 수 있는 것을 철저히 행한다.

① 흠뻑 빠진다: 한 가지 일에 집중하여 임한다.

㉠ 이 건에 대해서는 나보다 잘 아는 사람은 없어!

② 굳이 한다: 평소라면 하지 않을 일을 한다.

㉞ 같은 장르의 상품을 다 시식해보자.

③ 스스로 한다: 누군가에게 말을 듣지 않아도 스스로 판단하여 한다.

프로젝트를 실행하기 위한 행동 예정표를 만들어 매일 밤 얼마나 실현했는지 체크하자. 그렇게까지 했냐고 상대방을 감탄하게 하면, 그것이 하나의 강력한 설득력이 된다.

18 신뢰를 좌우하는
요소

클라이언트에게 신뢰를 얻느냐 못 얻느냐에 따라 프레젠테
이션 자체의 신빙성과 채택 여부가 결정된다고 해도 과언이
아니다. 클라이언트에게 프레젠테이션은 프로젝트를 함께 진
행할 파트너를 고르기 위한 판단 자료다. 따라서 신뢰할 수 있
는 상대가 아니면 채택하지 않는다. 클라이언트는 제공된 정보
와 지금까지의 경험에 비추어 위화감이 있느냐 없느냐에 따라
신뢰할지 말지를 판단한다. 아울러 표현이나 표정, 태도 등 비
언어적 요소도 관찰 대상이다.

| 신뢰를 좌우하는 4가지 요소 |

표현, 표정, 지니고 있는 물건, 행동, 태도, 겉모습 등, 말에

어울리지 않는 표정이나 태도를 보이면 상대방은 위화감을 느끼고 불안해 한다.

제안자를 신뢰할 수 있을지 파악하기 위해 클라이언트는 주로 ①말에 어울리는 표정과 태도인가 ②말을 명확하게 하는가 ③객관적인 데이터인가 ④주변 협력자의 자질과 유무 등 4가지 요소에 주목한다. 신뢰는 이 요소들이 하나하나 확인되어 서서히 쌓이는데, 뭔가 문제가 발생하면 바로 무너진다.

| 신뢰를 얻기 위한 3가지 요소 |

① 말의 정밀함: 말의 정중함뿐 아니라 애매한 표현을 쓰지 않으며 숫자를 틀리지 않는 등의 정확성도 중요하다.

② 데이터의 객관성: 데이터를 제시할 때의 포인트 ▶ 최신 데이터를 사용한다 ▶ 출처를 명기한다 ▶ 독자적인 조사인 경우 샘플 수와 조건을 명시한다.

③ 주변 협력자: 프레젠테이션을 실제로 하는 사람보다 상세히 아는 사람의 보증을 받으면 신뢰성이 더욱 높아진다.

 ONE POINT 어드바이스 ···

위험 부담이나 비용, 체크 시스템, 문제 발생 시 대응책 등 말하는 사람으로서는 달갑지 않은 이야기를 공정하게 전달하는 것도 중요한 요소다.

··

19 이런 대답은 실현성을 의심 받는다

　　프레젠테이션의 내용이 탁상공론이 아닌지 확인하기 위해 클라이언트는 실현성을 엄격히 체크한다.

　　프레젠테이션으로 전달한 설계도를 토대로 프로젝트는 시작된다. 그때 설계도가 추상적이면 계획은 실현되지 않는다. 얼마나 상세하게 구체적으로 구성되었는지가 중요하다. 따라서 듣는 사람은 조금이라도 불안한 점이나 불명확한 점이 있으면 자세히 물어본다. 그 질문에 대해 구체적으로 답할 수 있으면 실현성이 높게 평가된다.

| 이런 대답은 실현성을 의심 받는다 |

　㉠ 구체성이 결어된 대답

정말 가능한가? / 가능합니다, 가능해요.

그건 이런 건가? / 네네, 그렇습니다.

이거 정말 괜찮은가? / 문제없습니다. 괜찮습니다.

이런 대답만 늘어놓으면 정말 실현할 수 있을까라는 의심을 갖게 된다.

듣는 사람은 불안한 점이나 불명확한 점이 있으면, 그 하나 하나를 질문하여 제대로 대답하는지 확인한다. 그 질문들에 구체적으로 답하지 못하거나 근거를 보여주지 못하면, 계획의 실현성을 의심 받아도 어쩔 수 없다.

프레젠테이션의 내용을 구체화하려면 관계자와 공유해야 할 것이 있다. 우선은 팀 편성과 역할 분담이다. 멤버와 역할이 명확하면 프로젝트는 수월하게 시작된다. 다음으로 스케줄 설정은 시간 관리와 생산성 향상에 필수 요소다. 마지막으로 예산 설정이다. 세분화된 예산은 프로젝트의 전체 비용을 억제하는 역할도 한다.

| 기획을 실현하기 위해 해야 할 것 |

① 팀 편성과 역할 분담: 멤버와 팀 구성, 각 멤버의 역할 분담과 전문 분야를 제시하고 왜 멤버 수를 그렇게 구성했는지, 어떻게

역할을 분담했는지도 기술하도록 하자.

㉠ 각 멤버별로 전문 분야의 실적도 기록했습니다. / 와, 훌륭한 멤버네!

② 스케줄 설정: 예를 들어 1개월 뒤, 3개월 뒤, 6개월 뒤에 어떻게 되는지를 시간 순으로 설명하자. 갑작스런 상황 변화에 어느 정도 유연하게 대응할지도 넣을 수 있으면 베스트다.

㉠ 3개월 후에는 조사 결과를 바탕으로 구체적인 실행에 들어갑니다. / 음, 3개월 후인가…

③ 예산 설정: 예산 규모는 당연히 전달해야 하며 어디에 얼마만큼 드는지, 각 기간에 어느 정도 드는지 등 세분화한 예산도 뽑자.

㉠ 예산이 가장 많이 들 때는 전국에서 마케팅을 하는 이 시기입니다. / 음, 이 규모라면 어쩔 수 없겠군.

20 긴장을
컨트롤하는 방법

울렁증인 사람도 자신의 리듬을 유지하면 긴장하지 않고 프레젠테이션을 할 수 있다.

프레젠테이션은 남 앞에서 하는 발표인 만큼 누구나 잘한다고 할 수는 없다. 개중에는 울렁증인 사람도 있을 것이다. 하지만 요령을 잘 터득해두면 두려워할 일은 없다. 긴장을 컨트롤하면 된다. 질문 공세를 받거나 강한 어조의 의견을 들으면 머릿속이 새하얘지는 사람도 있을 텐데, 이는 상대방의 말이 나를 향한 것이라고 착각하기 때문이다. 프레젠테이션의 내용을 보완하기 위한 제언으로 받아들이면 조금은 마음이 편해질 것이다. 즉 주변 상황에 당황하지 말고 차분하게 자신의 리듬을 유지하며 준비해온 것을 그대로 말하기만 하면 된다.

| 울렁거려도 죽지는 않는다 |

아무리 떨려도 죽지는 않으니 안심하길

프레젠테이션 당일은 준비해온 것을 발표하기만 하면 된다. 내가 할 수 있는 것을 할 뿐이라 생각하고 차분하게 마음을 가라앉히자.

CHAPTER
07

이 이야기는
당신을 위해
준비했습니다

당연하지만
결국 마음을 사로잡는
말태도

MEMO

01 '이 이야기는
당신을 위해 준비했습니다'

설명을 할 때 '당신을 위해 준비했습니다'는 생각이 바로 사람의 마음을 움직인다.

사람은 논리와 감정으로 움직이는 법이다. 논리로는 납득이 되어도 감정으로 납득이 안 되면 무엇이든 그대로 받아들일 수 없다. 예를 들어 같은 설명을 들어도 '이 사람이 이야기하면 납득할 수 있는데, 저 사람이 이야기하면 석연치 않아'라고 느낀 경험이 있을 것이다. 반대도 마찬가지다. 내가 설명할 때도 상대방이 나를 받아들이지 않으면 논리조차 들어주지 않을 것이라 생각하는 편이 낫다. 듣는 사람은 설명과 동일하게, 아니 그 이상으로 말하는 사람의 '인물' 혹은 '됨됨이'에 주목한다. 바꿔 말하면 듣는 사람으로 하여금 '이 사람의 이야기가 듣고 싶다'고 생각하게 할 수 있으면 결과는 떼놓은 당상이다. 그러기 위해 누구나 할 수 있는 방법이 '이 이야기는 당신을 위해 준비했습니다'라는 마음을 담아 이야기하는 것이다. 이 마음과 진지함이 전해지면 상대방은 당신의 설명을 적극 이해하려고 할 것이다.

02 거짓말의 비용

　업무상의 사소한 거짓말이 '엄청난 번거로움'을 초래한다는 사실을 명심하자.

　업무와 관련된 사소한 일로 그 자리를 모면하기 위해 거짓말을 한 적이 있지 않은가. 거짓말을 하고 싶어지는 이유는 사실대로 말하면 번거로워지지 않을까 하는 생각 때문이다. 하지만 한 번 거짓말을 하면 예상했던 '번거로운 일'보다도 더 번거로운 일이 될 때가 대부분이다. 또한 거짓말은 대부분 들키는 법이다. 한 번 거짓말을 들키면 당신에 대한 신용은 사라진다. 그리고 무엇보다 그 거짓말 때문에 당신 자신이 떳떳하지 못하다고 느껴서, 결과적으로 업무에 대한 자신감이나 자부심을 잃고 만다. 그렇게 되기 전에 솔직하게 이야기하고 '번거로움'을 받아들이는 편이 결국 손해가 덜하다.

| 거짓말의 '비용'은 결국 내가 치른다 |

① 신용이 사라진다.

㉔ 또 거짓말하는 거 아냐…, 뭔가 숨기는 것 같아….

② 내 자존심이 상처를 입는다.

㉔ 그 사람에게는 거짓말이 들켰을 수도…, 발각되기 전에 업무에서 도망치고 싶다.

03 '알고 있을 것'이라는 생각은 위험, 의외로 빠트리기 쉬운 3가지

업무에서 '완벽한 정보 공유'는 불가능하다. 그때그때 확인이 중요하다.

업무를 진행할 때 의외로 중요도가 높은 것이 확인 작업이다. 모두가 협력하여 일을 진행했는데 사소한 확인을 하지 않아 실패로 끝나는 경우가 자주 있다. 협의할 때 업무 내용이나 조건에 대해서는 세부 의견을 좁혀나가므로 확인을 잊는 경우가 적다. 의외로 깜빡하기 쉬운 요소의 대표적인 것이 '돈'이다. 이해하지 못할 사람도 있겠지만, 업종에 따라서는 작업 분량이나 대가를 모른 채 일이 시작되는 경우가 여전히 존재한다. 그밖에 마감일이나 긴급 연락처 등도 업무를 진행하는 데있어 상당히 중요하다. 일을 시작할 때 우선 이런 사항들을 확인하고, 필요하다면 진행을 하면서도 그때그때 확인하는 것이 바람직하다.

| 의외로 빠트리기 쉬운 확인 사항 3가지 |

① 돈: 금액은 물론 이익 배분, 부가세별도·포함 등은 최소한 확인해두자.

㉠ 생각한 금액과 달라! 이 일 관둘래!!

② 마감일: 특히 마감일이 여러 개인 업무는 상대방이 잊지 않도록 상기시킬 필요도 있다.

㉠ 마감까지 이틀 남았는데 진행은 잘 되고 있나요?

③ 긴급 연락처: 적어도 휴대전화번호와 주로 사용하는 이메일 주소를 서로 알아두어야 한다.

㉠ 바로 연락이 안 되네… 이 건은 뒤로 미룰까.

04 누구와 협력할 것인가, '조력자'의 2가지 타입

업무는 내가 다 해내는 것보다 '어떻게 진전시킬 것인가'가 중요하다.

업무를 진행할 때 '나에게 맡겨진 임무는 전부 내가 완수해야…'라고 어깨에 힘을 줄 필요는 없다. 원래 업무는 나 혼자 다 해내는 것보다 마감까지 확실하게 완성하는 것이 우선시된다. 즉 '어떻게 하면 혼자 잘 진행할 수 있을까'보다 '어떻게 하면 눈앞의 일을 진전시킬 수 있을까'라는 관점이 중요하다. 도와주는 사람이 반드시 윗사람일 필요는 없다. 나보다 설득력 있게 설명할 수 있는 전문가, 혹은 동료나 부하 직원이어도 상관없다. 누군가와 협력하여 약속대로 일을 끝낸다. 그렇게 하여 상대방으로 하여금 '믿고 맡길 수 있다' '믿음직스럽다'라고 생각하게 만드는 것이 가장 중요하다.

| '조력자'의 2가지 타입 |

① 나와 같은 편에서 이야기를 해주는 사람

㉠ 나도 함께 가서 설득할게.

② 상대방 편에서 동의해주는 사람

㉠ 좋은 이야기니까 협력할게요.

미리 개별 상담을 하는 등 '사전 논의'에 응해주는 사람

ONE POINT 어드바이스 ···

사람에게는 잘하고 못하는 것이 있다. 혼자서 해내려 하기보다 이처럼 조력자
의 힘을 빌려 눈앞의 일을 진전시키는 것이 중요하다.

···

05 눈은 입만큼 말을 한다

상대방에게 감정을 전할 때도, 상대방의 감정을 읽을 때도 '눈'은 중요한 역할을 한다.

'눈은 입만큼 말을 한다'는 말이 있다. 실제로 상대방의 눈을 보며 이야기하기만 해도 설득력이 늘어난다. '눈은 감정을 나타내는 기관'이라고들 하는데, 상대방의 눈을 보며 이야기하면 상대방의 관심을 끌 수 있다. 게다가 눈을 보며 이야기하면 상대방의 반응을 읽기 쉽다는 이점도 있다. 상대방이 어떤 말에 반응했는지, 뭔가 깨달았는지, 기뻐했는지, 화가 났는지 등은 상대방의 눈을 보기만 해도 알 수 있다. 다만 눈을 보며 이야기하더라도 내내 뚫어지게 응시하면 상대방도 불편해한다. 추천하는 방법은 중요한 단어와 연결된 문장을 말할 때는 처음부터 끝까지 상대방의 눈을 제대로 보며 전달하는 것이다. 그렇게 하면 시선 자체가 메시지를 전달하는 작용을 돕는다.

| '눈을 보며 이야기하기'의 2가지 장점 |

① 눈을 보면 상대방의 관심을 끈다.

㉄ 엄청 보고 있네. 이야기를 잘 들어야겠다.

눈을 보면 상대방은 '쳐다보고 있다'고 생각하여 정신을 바짝 차리며 '이야기를 들어야 한다'는 마음이 생긴다.

② 눈을 보면 상대방의 반응을 읽기 쉬워진다.

㉄ 방금 이 이야기의 장점을 깨달았군.

눈을 보며 이야기하면 상대방의 반응에 맞추어 말투를 바꾸거나 반응이 나쁘면 다음 기회로 미루는 등의 대응을 할 수 있다.

06 반대에 부딪힐 때

　듣는 사람이 반대해도 바로 포기해서는 안 된다. 반대에 부딪히면 오히려 기회라고 받아들이자. 상대방이 반대하면 기회로 여기는 습관을 갖자. 왜냐하면 대부분의 사람은 반대에 부딪히면 바로 포기하기 때문이다. 즉 이 부분이 남과의 차이를 벌리는 포인트다. 포기하지 말고 돌파구를 찾기 위해 새로운 제안을 계속 제시하기만 해도 당신은 '뭔가 다른 사람'으로 여겨진다. 중요한 점은 곧바로 포기하지 않는 것. 기업의 채용 면접에서는 자주 '이유를 집요하게 반복해서 묻는' 방법이 사용된다. 동일한 질문을 몇 번이나 들어도 계속 대답할 수 있는 사람은 '제대로 생각하는 사람'이기 때문이다. 설명이나 프레젠테이션을 할 때도 반대에 부딪히면 새로운 사실이나 해석, 발상으로 설득하여 듣는 사람이 생각지 못한 방법을 제시하자.

당신을 주목하는 계기가 될 것이다.

| 반대는 개선을 위한 충고라고 받아들이자 |

A: 데이터를 보면 채산이 맞지 않는데?

B: 다시 한 번 숫자를 상세히 고쳐오겠습니다.

A: 스케줄도 무리일 것 같고.

B: 지적 감사합니다. 충고를 바탕으로 현실적인 계획을 마련하겠습니다.

A: 포기하지 않는군….

포기하지 않고 반론하려면 상대방의 반응이나 질문을 예상하여 준비하는 것도 중요하다.

07 상대방에 맞는 경어

설명의 기술을 향상하려면 상대방에게 적합한 어법을 익히자.

특히 경어는 완벽하게 올바로 구사하는 사람이 드물 정도다. 따라서 올바른 경어보다는 사내나 업계에서 공유되는 '말하는 법'을 의식했으면 한다. 가령 문법적으로 올바른 경어가 아니어도 상대방이 위화감을 느끼지 않으면 된다. 그런 요령을 익힐 때 가장 실천하기 쉬운 방법은 본보기가 되는 사람을 '모방'하는 것이다. 또한 가까이 있는 선배나 베테랑 사원 등에게 "제 말이 이상하면 지적해주세요"라고 부탁하는 것도 바람직하다. 사람은 보통 상대방의 말이 이상하다고 느껴도 굳이 지적하지 않는다. 하지만 "적절하게 말하는 법을 익히고 싶다"고 솔직히 말하면 협력해줄 사람이 있을 것이다.

| 아르바이트 경어에 주의 |

학창 시절 아르바이트를 하면서 다음과 같은 '아르바이트 경어'에 익숙해진 사람은 주의해야 한다.

NG: ○○쪽을 갖다드리겠습니다.
GOOD: ○○를 갖다드리겠습니다.

NG: 이것이 ○○가 됩니다.
GOOD: ○○입니다.

NG: 만 원부터 받겠습니다.
GOOD: 만 원 받겠습니다.

08 긴급 시의 연락과 대응력이 신뢰를 높인다

신속하고 확실하게 대응하려면 관계자의 연락처를 파악해 두어야 한다.

긴급할 때 상대방과 연락이 되지 않으면 스트레스를 느끼기 마련이다. 또한 내가 책임질 수 없는 상황에서 상사 등 관계자에게 바로 연락이 안 되면 상대방의 신뢰를 얻기 어렵다. 예전에는 휴대전화번호를 아무에게나 알려주지 않는다는 암묵적인 룰이 있었지만, 최근에는 약속을 잡을 때 일시나 장소와 함께 상대방의 휴대전화번호를 묻는 것이 당연해졌다. 통신 수단이 발달하고 업무 속도도 중시되는 요즘 같은 시대에는 항상 관계자와 바로 연락이 되게 해두는 것이 '나의 책임'이라 생각하고, 상사나 동료 등 업무 관계자의 긴급 연락처는 제대로 확인해두자.

│ 긴급 시의 연락과 대응력이 신뢰를 높인다 │

예를 들어 상사 등 우선 연락해야 할 사람을 포함하여 관계자의 긴급 연락처를 파악해두자.

㉠ 클라이언트 / 상사 / 상사의 상사 / 같은 업무에 관계된 동료 / 관계 부서 / 협력 회사 / 지원 스태프

09 사전 준비보다
나은 대책은 없다

프레젠테이션이나 면접을 할 때 긴장하는 사람은 충분한 사전 준비로 마음을 진정시키자.

중요한 프레젠테이션이나 면접 때는 아무래도 긴장하는 사람이 많을 것이다. 2장에서 '준비 80퍼센트의 법칙'을 말했는데, 역시 사전 준비보다 나은 대책은 없다. 전날의 원고 마무리나 예행연습 같은 준비뿐 아니라, 당일 목적지에 일찍 가는 것도 추천하는 방법이다. 무사히 현장에 도착했다는 사실이 마음을 차분하게 만든다. 그 후에는 프레젠테이션용 자료나 원고, PC 등 사용할 기자재를 체크하고, 기자재가 작동하지 않았을 때를 대비한 시뮬레이션을 해두면 만일의 경우에도 당황하지 않고 끝낼 수 있다. 또한 관계자와의 대화도 중요하다. 직전에 나눈 대화에서 새로운 힌트를 얻을 때도 많은데다 실전에 대비한 워밍업도 되기 때문이다.

| 사전 준비가 긴장을 풀어준다 |

① 일찍 현장에 간다: 길을 잃어도 늦지 않을 만큼 충분히 여유를 갖도록.

② 원고나 기자재를 체크: 기자재가 말썽을 부려도 당황하지 않고 진행할 방법을 생각하자.

③ 관계자와의 대화

㉠ 오늘은 어떤 분위기로 이야기할까요?

자기 나름대로 일련의 흐름을 정해두면 원활하게 실전에 임할 수 있는 효과도 있다.

10 목적에 맞는 피드백을 받았는가?

설명이 제대로 되었는지 여부는 상대방의 '이해도'나 '만족도'만으로 측정되지 않는다.

설명은 상대방에게 전달하는 것만이 아니라 제대로 전해졌는지를 확인할 때까지가 하나의 프로세스다. 그러기 위해서는 상대방으로부터 피드백을 받아야 한다. 하지만 "잘 이해했습니다"라는 상대방의 대답만으로는 충분치 않다. 왜냐하면 설명에는 저마다 목적이 있기 때문이다. 가령 상대방의 특별한 리액션을 기대하는 게 아니라 단지 '반대하지 않고 지켜봤으면 좋겠다'고 생각하는 경우에는 설명한 뒤 상대방이 반대하는지 여부를 봐야 한다. 설득이나 제안이 목적이라면 상대방의 반응이나 리액션으로 판단할 수 있다. 듣는 사람의 피드백을 받는 데는 설문이나 직접 이야기를 듣는 등 다양한 방법이 있는데,

가장 중요한 점은 단지 '이해했다' '만족했다'는 대답이 아니라 '목적에 맞는 반응이나 리액션을 하는지'를 확인하는 것이다.

| 목적에 맞는 피드백은 행동이나 결과로 이어질지가 중요 |

듣는 사람의 피드백을 받았어도 상대방이 이해했는지, 이야기에 만족했는지만으로는 충분치 않다.

— 설득이나 제안이 목적이라면

㉾ 자네 이야기 재밌었어. 꼭 스폰서가 되고 싶네.

상대방이 납득했는지, 그 이유는 무엇인지, 이후에 실제로 행동에 옮겼는지가 중요하다.

— 판촉이 목적이라면

㉾ 내 친구도 사고 싶다고 해서.

상대방이 이해했는지, 이야기에 만족했는지가 아니라 실제 매상이나 신청 상황이 중요하다.